民法总论

MINPO SORON
by Atsushi Omura
© 2001 by Atsushi Omura
Originally published in 2001 in Japanese by Iwanami Shoten, Publishers, Tokyo.
This Chinese (simplified) language edition published in 2004
by Peking University Press, Beijing
by arrangement with the author c/o Iwanami Shoten, Publishers, Tokyo

中文简体字版获日本岩波书店授权

法学精品教科书译丛

民法总论

〔日〕大村敦志 著
江 溯 张立艳 译
王 轶 校订

北京大学出版社
北京·2004

著作权合同登记号：图字 01－2003－7238 号

图书在版编目(CIP)数据

民法总论/(日)大村敦志著；江溯，张立艳译.—北京：北京大学出版社，2004.10

(法学精品教科书译丛)

ISBN 7－301－07870－6

Ⅰ.民… Ⅱ.①大… ②江… ③张… Ⅲ.民法－日本 Ⅳ.D931.33

中国版本图书馆 CIP 数据核字(2004)第 093356 号

书　　　名：民法总论
著作责任者：〔日〕大村敦志　著　江溯　张立艳　译　王轶　校订
责 任 编 辑：贺维彤
标 准 书 号：ISBN 7－301－07870－6/D·0969
出 版 发 行：北京大学出版社
地　　　址：北京市海淀区成府路 205 号　100871
网　　　址：http://www.pup.cn　电子邮箱：law@pup.pku.edu.cn
电　　　话：邮购部 62752015　发行部 62750672　编辑部 62752027
　　　　　　出版部 62754962
印　刷　者：北京大学印刷厂
经　销　者：新华书店
　　　　　　730 毫米×980 毫米　16 开本　9.375 印张　134 千字
　　　　　　2004 年 10 月第 1 版　2006 年 11 月第 2 次印刷
定　　　价：20.00 元

未经许可，不得以任何方式复制或抄袭本书之部分或全部内容。

版权所有，侵权必究

举报电话：010－62752024　电子邮箱：fd@pup.pku.edu.cn

目 录

前 言
绪 论　民法总论的意义　/1
　　一、民法总论的内容　/1
　　　　（一）以往的民法总论
　　　　（二）本书的"民法总论"
　　二、"民法总论"的必要性　/6
　　　　（一）学术理由
　　　　（二）社会理由

第一章　民法的历史　/12
第一节　民法典的制定　/12
　　一、前　提　/12
　　　　（一）固有法
　　　　（二）背景情况
　　二、结　果　/16
　　　　（一）编纂过程
　　　　（二）评　价

第二节　民法典之后　/21
　　一、战　前　/22
　　　　（一）近代化
　　　　（二）社会问题
　　二、战　后　/26
　　　　（一）迈向"富裕社会"
　　　　（二）迈向"多元社会"

第二章　民法的内容　/33
第一节　民法的技术　/33
　　一、要素和关系　/34
　　　　（一）支　配
　　　　（二）交　换
　　二、作为和自然　/37

目 录

    （一）债　权
    （二）家　族
  第二节　民法的思想　/43
   一、自由和平等　/44
    （一）交易领域
    （二）家族领域
   二、自由、平等和连带　/47
    （一）财产关系
    （二）人与人之间的关系

第三章　民法的担纲者　/53

  第一节　法律家的技艺　/53
   一、序　/53
   二、民法的解释　/54
    （一）法律解释种种
    （二）法律解释的作用
   三、民法的适用　/60
    （一）法律适用的各种形态
    （二）法律适用的作用

  第二节　市民的法意识　/64
   一、序　/64
   二、历史的观察　/64
    （一）战前的状况
    （二）战后的状况
   三、机能的观察　/68
    （一）作为裁判规范的民法
    （二）作为行为规范的民法

第四章　民法的研究　/74

  第一节　外国法　/74
   一、外国法研究的历史　/74

目录

    （一）目 的
    （二）准据国
  二、外国法研究的现状　／79
    （一）模式的引进：继受型的研究
    （二）模式的构成：比较型的研究
 第二节 社会—经济（史）　／84
  一、方法指向的进路　／85
    （一）"活法"研究
    （二）资本主义和民法的模式
  二、制度指向的进路　／90
    （一）社会经济史的导入
    （二）目的论解释的参考资料
 第三节 利益衡量　／94
  一、利益衡量论的类型　／95
    （一）分类的标准
    （二）分类的适用
  二、利益衡量论的评价　／99
    （一）再继受
    （二）继续形成

第五章 民法与现代社会　／105
 第一节 市场——交易与民法　／106
  一、国际化与民法　／106
    （一）开发与民法
    （二）世界市场与日本民法
  二、再市场化与民法　／110
    （一）信息与民法
    （二）竞争政策与民法原理
 第二节 市民—生活和民法　／115
  一、大众化和民法　／116

目录

　　　　（一）从私法到公法
　　　　（二）从裁判规范到行为规范
　二、都市化和民法　／120
　　　　（一）旧规范的崩溃
　　　　（二）新规范的产生

补　论　从学习的观点来看民法和民法学　／126

　一、民法和民法学习　／126
　　　　（一）所谓民法
　　　　（二）学习民法
　二、民法学习和民法学　／131
　　　　（一）讲义中的民法
　　　　（二）讲义的民法学

索　引　／136

前　言

　　1998年迎来了日本民法典施行100周年。在该年的夏季学期，我在东京大学大学院政治学研究科研究生专修课程中，讲授了"民法和民法学的100年"。在该授课内容的基础上增加二三项，并根据民事立法的发展进行了修改，又如后述那样增加了一些内容——这样就构成了本书的本论部分。

　　在对民法和民法学进行思考时，当然并不一定要以100年作为区分，但是，以100年为契机来思考一下未来的发展方向，也许是符合人类总是想谋求分水岭的本性的。能有远远超出预料的人来听我在上面提到的课程，恐怕也要归功于"百年"这一数字。

　　即使以100周年为契机来思考民法和民法学，也不限于一种方法。实际上，关于民法百年的出版物和计划并不少。例如，《法学家》（有斐阁期刊）1998年年初的一期（第1126期）从与现代诸问题的关系角度上来重新探讨民法的基本概念；同年夏季出版的广中俊雄和星野英一编集的《民法典一百年》一书（共四卷，有斐阁），研究了主要的法律规范是如何在判例中被运用的。同年秋季日本私法学会召开了"债权法修改问题"的专题讨论会，对债权法的修改问题进行了立法论上的探讨（同时在NBL的增刊第51期上，刊登了该次讨论会上报告者的研究成果——《债权法改正的课题和方法》）。稍晚些时，加藤雅信主编的《民法学说百年史》（三省堂）也于1999年末问世。

　　与上述的这些尝试一样，本书对与民法相关的各种各样的问题，民法典的各项规定或者民法学上的种种研究,没有进行个别的探讨。我想试着对民法和民法学的整体进行思考。本书以《民法总论》为名,也基于此。

由此,本书以已经学过民法的学生为主要读者,以提供民法学习的总结素材为目的。但是,为了使不具有民法专门知识的普通市民及相邻领域的研究者也能将本书作为参考资料,我补充了与民法基础知识相关的说明。同时,为了使本书能够成为今后立志进行民法研究的后辈诸君的研究指南,除各节之后的参考文献外,脚注中也标明了若干文献。我期待不同的读者能以不同的方式利用本书。

本书的出版发行得到了岩波书店编辑部伊藤耕太郎先生的帮助,在此表示感谢。

大村敦志
2000 年 12 月

绪 论
民法总论的意义

本书以"民法总论"为题。虽然是以民法总论为题，但是，对于"并非对民法各论方面的讨论"这一前提性的问题还不甚明了。究竟本书是关于什么（一），以什么为目的（二）来进行写作的呢？我想在绪论中对此加以说明。

一、民法总论的内容

首先，对本书的研究对象予以说明，以便使读者对冠之以"民法总论"的全书的内容有个大致的印象，这是目的（二）。为此，先介绍一下本书所指的"民法总论"的具体涵义（一）。

（一）以往的民法总论

1. 一般的倾向

讲得极端一些，首先应当承认的事实是，民法上"不存在总论"。例如，让我们来与宪法、刑法、诉讼法进行一下比较。在日本，宪法上有国家法学（国家论和比较宪法），刑法上有刑事学（刑事政策），诉讼法上有裁判法（司法制度）——尽管在各自的性质上有一定差别，但是各自研究总论的领域还是存在的。与此相对，民法中（还有商法）是不存在与之类似的对应物的。观察一下大学里课程的开设情况和概说类书籍的出版情况,也能明白这一点。[1]

即使不是作为一门独立的课程,但总论作为民法研究教育的一环,应该不会有人认为实际上民法学者并没有在总论上花费一定精力。因此,接下来让我们看看民法教科书的内容。民法典的起草人之一梅谦次郎执笔的《民法要义》(共五卷),由于表明了起草者的意图,即使在今天也仍然受到重视。在该书中,总论所占的篇幅只有区区3页。这固然是由于该书采取了逐条解说的体例,但是,从中我们可以明了的是,采用这种体例,正表明了不要总论的态度。铃木禄弥的《民法总则讲义》也表明了对总论的消极态度。置于该书末尾的"结语(民法总论)"仅仅只有8页!可以说这充分表现了该作者的功能主义姿态。那么,稍微权威一些的教科书又如何呢?翻开各种各样总则的教科书,通常可以看见的是在开头部分对其加以若干的一般说明。就其所占的分量而言,举例而言,我妻荣的《民法总则》中有41页(包括对民法第1条的说明,除去此部分只剩下30页。全书共501页),四宫和夫的《民法总则》中占22页(全书共331页)。

与上面两本教科书不同——川岛武宜的《民法Ⅰ》中,"民法总论"部分占88页,星野英一的《民法概论Ⅰ》中也分了66页给总论——总论的分量相对而言要多一些。而且,最近出现了星野英一的《民法讲义总论》、广中俊雄的《民法纲要第一卷总论(上)》等专门以总论为内容的著作。本章末尾所列的参考文献——星野英一的《民法劝学篇》一书,也可以算得上是一种总论。[2] 可以说这些都是新的发展动向。

2. 具体例的探讨

迄今为止的"民法总论"都写了哪些内容呢?可以将上面所提到

---

[1] 例如,在东京大学法学部开设了刑事学、裁判法、国法学,但是没有讲授相当于民法总论的课程。而且,就刑事学、裁判法、国法学而言,有吉冈一男:《刑事学》(1980年)、兼子一=竹下守夫:《裁判法》(第四版,1999年)、樋口阳一:《比较宪法》(全订第三版,1992年)等著作,在各种法学全集中均占有一卷的比例,但关于民法总论则没有类似的例子。

[2] 出自相同作者之手的,还有星野英一的《民法的焦点①总论》(1987年)。北川善太郎的《民法入门讲义》(1988年)也可列入该系列。

的作者在"民法总论"中所写的内容整理如下:

	我妻	四宫	川岛	星野A	星野B	广中
① 民法是什么	○	○	○	○	○	○
② 民法典的历史和构造	○	○		○	○	○
③ 民法的渊源						○
民法的适用范围	○			○		○
④ 民法的基本原理	○	○	○			
民法的体系						○
⑤ 民法学		○		○		
民法学史		○				
⑥ 法的解释和适用	○					
纠纷的预防和解决				○		○
⑦ 权利是什么	○			○		

注:星野 A,指《民法概论Ⅰ》;星野 B,指《民法讲义总论》。

从上面可以看出,民法总论包括与民法相关的事项以及与全部法律相关的事项。从形式来看,①—⑤属于前者,⑥和⑦属于后者。但是,从实质来看,倒不如说③与后者、⑥与前者的关系更为密切(民法学家激烈地讨论过⑥)。同时,⑦是以民法第1条的规定为意识而构建的项目,与总则有很大的关联性。

教科书和体系书　不仅在民法中,法学中也经常使用"教科书"、"体系书"这样的词汇。前者主要面向学生,后者则主要面向法律实务家,但是也没有严格的区别,两者合称"概说书"。这些书在描述法的现状的同时,还表明作者的观点,因此受到重视。真正的概说书经常被认为是该作者的主要论著。

(二) 本书的"民法总论"

从大体上讲的话,本书所展开的"民法总论",乍一看是以实质意义上与民法相关的①②④⑤⑥为对象的。但是,如果再仔细来看的话,与向来所讨论的内容并非完全一致。因此,接下来我将对本书的"民法总论"的内容进行一番说明。"民法总论"这样的表述方式意味着是"民法"的"总论"。"民法总论"所指为何物?所谓的"总论"又是怎样的论述呢？下面试从这些方面来予以说明。

1. 对象和视角

首先，成为出发点的是对象和视角（或者客体和主体）的区别。对于历史而言，存在历史学；对于语言而言，存在语言学；对于政治而言，存在政治学；对于经济而言，存在经济学。同样，对于民法而言，存在民法学。就像存在以历史、语言、政治、经济与人类、社会等等相关的各种现象为研究对象的学问一样，对于民法，也存在以民法为对象的民法学。

但是，必须予以注意的是，与自然科学不同（程度问题），在人文和社会科学中，将对象本身与考察对象的学问完全分离是不可能的。其中的一个理由就是，对象自身就是复杂的，对对象的描述在学问中就占了很大的比重。在历史学或政治学等讲义中经常会让人产生仿佛是讲授历史本身、政治本身的感觉，大概就是出于以上理由。一般所举出的另一个理由是，观察者本身就构成了观察对象的一部分。看起来历史或政治好像是客观地写成的，实际上不可能与研究者对实践的看法没有关系。上述情况在下面的用词方法上也经常能体现出来——我们民法学家也经常不采用"民法学"而采用"民法"来称自己的专业。在"法国史"、"德语"等情况下大概也是如此。

这样的保留虽然是必要的，将作为对象本身的"民法"与基于一定的观点来认识民法的"民法学"进行区别，并不是不可能的。毋宁说这种区别能够使人明确地意识到存在与对象难以融合的观点。因此，本书准备将以"民法"作为对象的"民法"（前半部分第一章至第三章）与作为视角的"民法学"（后半部分的第四章和第五章）分开来考虑。但是，这样做只不过是在这种姿态上有些意义罢了，实际上会存在用简单的二分法难以处理的情况，这一点我马上会在后面谈到。

2. 中心和周边

接下来讨论"总论"的意义。这里所说的"总论"，并非是对民法的各种制度和民法学的各种研究进行的个别探讨，而是指选取通过民法或民法学的全体能够发现的、或者是能够充分表明民法或民法学性质的事项来进行讨论。上面所说的如果可行的话，那么，作为一般的论述——具体而言,与称作"总论"相符合的论述——究竟是什么呢?下面会对本书所选取的各个论题进行简单论述,但是我想先说明,以下的各个论题的选择是大体上的。因为除本书选取的论题之外,也许还有其他的论题存在,并且也可能存在与本书不同的整理方法。

首先,"民法"的前半部分选取了"民法的历史"(第一章)、"民法的内容"(第二章)、"民法的担纲者"(第三章)。其中对前两者的选择恐怕没有太大的异议。依照以往民法总论的内容来讲,①②与此相对应。这些是所有的民法总论所包含的中心部分,在本书中也居于"民法"论的中心位置。

与此相对,似乎还有必要对最后部分进行说明。刚刚讲过了对象与学问二分法所存在的局限性,但是,民法上存在拥护该二分法的人以及与此有关联的人。这两种人用各自不同的方式肩负着民法的重任。在外部,进而存在着以作为狭义对象的民法与民法的担纲者市民、法律家为观察对象的研究者。当然,可以说担纲者不是对象自身,并且研究者也可以算得上是民法的担纲者。但是,这里我想将对象本身与具有更密切关系的市民、法律家置于对象之周边的位置上。如果以演戏来比喻的话,以上演的对象——戏曲(民法Ⅰ)为中心,存在演员(市民)、观众(法律家),这样就构成了一个演戏的空间(民法Ⅱ)。批评家(民法学家)属于该空间的一部分,同时也在观察着这一空间。

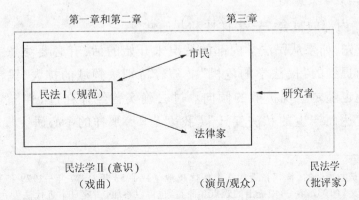

在论述"民法学"的后半部分,在"民法的研究"(第四章)的基础

上,准备再选取"民法与现代社会"(第五章)这一论题。在这里似乎没有对前者进行说明的必要。采用比较法、社会经济(史)、利益衡量等具有不同特征的方法来观察民法学,应该能清楚以往民法学的倾向。

后者就与前者略有不同了。这里的目的是选取一些值得注意的现象,这些现象将影响今后民法学向新的领域拓展,并获得新的研究方法。因此,对社会现象的描述,我会花费相当的笔墨,应该选取现象的方向定位也只能停留在初步的水平上。但是,在展望日本民法学未来之际,不应该只回顾已经确立的方法,也有必要站在产生方法的前沿来看一看。

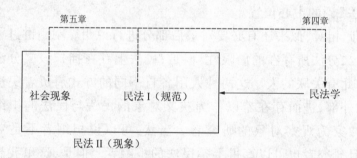

二、"民法总论"的必要性

下面就"为什么",即本书的动机来说明一下。我准备将目前认为应该提出"民法总论"的理由,分成学术的(一)和社会的(二)来进行阐述。

(一) 学术理由

1. 内部的整合——多样性和共通性

首先,如果从民法学内部的情况来开始的话,有必要注意一下不久以前提到的"民法学的危机"。随着特别法领域的扩大,民法学者的兴趣也随之呈现扩散的倾向。过去确实曾经存在过"伴随资本主义的发达而产生的私法变迁"(我妻荣[3])那样的中心研究规范,但

---

[3] 这是我妻荣的《债权在近代法上的优越地位》(1953年、1927年—1929年)、《民法讲义》(1932年—)中提出的观点。而且,也可以参照《讲座日本近代法发达史》(全11卷)(1958年—1967年)。

是,它正在消失。结果是作为一门学问的向心力减弱,出现了学问的细分化。这正是所说的"危机"的理由。

当然,也有否定危机论的观点。这种观点的思考方式在于,即使现在,民法的技术仍然有用,民法学者根据各自的兴趣之所在解决必要的问题,只要对原来的技术进行改良革新就可以了。但是,这里所引用的是民法具有的法律技术层面的有效性,而不是民法学的有效性。或者,也许说这是将民法学的领域限定在一定范围之内似乎更为妥当。

同时还有危机论、良好时机论。民法、商法、刑法、诉讼法等法典分化的学问已经落伍了,应该尝试将问题指向的新的法律体系化[4],从目前的状况来看,这也是所期待的方向。确实,应该听取这种指责中合理的成分。但是,就这样抛弃了民法或民法学这样的结构单元是否合适呢?难道不应该再慎重考虑一下吗(想想"欧洲法是古老的,现在是日本法理的时代"这样的战前和战中的议论吧)?

承认民法学所起到的多样化力量的存在,在该基础之上,着眼于仍然存留的共通性来谋求学问的整合——这是可能的,还是必要的呢?这正是对民法和民法学进行思考的"民法总论"有必要存在的第一个理由。

2. 向外部的开放——独特性和普遍性

如果站在民法学的立场上放眼于外部的话,就会注意到下面的情况。

第一,与法学之外的各种学问的关系。民法学是从罗马法(或者是中世纪罗马法学)开始的,是一门有着悠久历史的学问,因为其具有实践性,因此被认为是社会科学中略为特殊的存在。这不能不对民法学存在的根本产生影响。在日本,特别是在战后的前半期,有人提倡"作为科学的法律"。相反,进入后半期,则出现了"作为实践哲学的法学"的复权。但是最近,这样的问题已经烟消云散。被各种各样的法律和判例所包围的民法学者,不得不花费更多的精力与这些

---

[4] 例如,北川善太郎:《消费者法的体系》(1980年)等是早期的尝试。

法律和判例进行格斗。即使仅仅停留在法律的内部世界,该做的事情也堆积如山。但是,无论是着眼于与各种学问之间的普遍性,还是强调民法学的独特性,追求民法学作为学问所具有的存在的根本本身,还不应该是为人所遗忘的目标吧。

罗马法和中世纪罗马法学 古代罗马帝国所采用的法律在该帝国瓦解之后,在中世纪的意大利等国再次出现,并且在这一时期的大学中成为教育研究的内容。此后,罗马法和中世纪罗马法学传到欧洲各国,为《法国民法典》(1804 年)和《德国民法典》(1900年)等近代民法典奠定了基础。

"作为科学的法律学" 战后,面对既存法体系的瓦解,传统的法学(法律解释学)陷入了丧失自信的泥潭之中。这一时期提倡的是"作为科学的法律"。同时,随着法社会学的兴盛,也有人提倡实定法学的科学化(例如预测将来的判例等等)。该运动的中心主导人物是川岛武宜。[5]

第二,必须重新审视与外国法的关系。自明治时代的法典继受期以来,最初是继受法国法,接下来是继受德国法,战后是继受美国法,最近根据欧盟法的发展情况,日本民法学以欧美各国的法律和法学为模型又进行了参照。当然不仅仅只是模仿各发达国家的法律和法学,而是从某个时期开始出现了在模仿的同时考虑日本自身情况的姿态。这种姿态通过星野英一、北川善太郎等展开的法律继受论(第四章第一节第二部分第 1 小节)而得以承认。这样形成的日本民法给人的印象,极端来讲的话,是"特殊的混血儿"。但是反过来想一想,这样的情况并不仅限于日本。这种类型在非欧洲文化圈的亚非等国也经常见到。本来,法国法和德国法等也是从罗马法而来的,在这种意义上,它们也不是"纯血统"的。这样一来,对日本法与外国法的关系也应重新进行探讨。

综上所述,在与"各种学问"的关系上、与"各外国"的关系上,应

---

[5] 川岛武宜:《作为科学的法律学》(1964 年)、川岛武宜编:《经验法学的研究》(1966年)、川岛武宜(责任编辑):《法社会学讲座》(全 10 卷)(1972 年—1973 年)等。

当对"日本民法学"的主动性重新进行考虑。

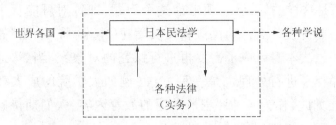

(二) 社会理由

除了上述的学术理由之外,再加上可称作"社会的"理由似乎更为妥当。因为传统上是在大学里进行民法和民法学的研究教育,所以首先必须将大学的改观列入考虑的范围之内。另一方面,如果认为民法是被市民广泛适用的法、是由市民来推进的法,那么,在思考民法和民法学的应然状态之时,也有必要把社会的变化考虑进去。

1. 作为共同素养的民法

首先是大学的改观,大学的大众化是很明显的。包括短期大学在内,现在日本的大学升学率达到45%。这虽然比不上美国和英国,但是远远超过了法国和德国。让更多的人接受高等教育,这本身就是人们所期望的。同时,随着受教育人数的增加,教育的目的也就变得多样化了,这本身并不是件坏事。

但是,由于吸纳了各个层次的学生,因此确定法学教育的焦点就变得困难起来。这一问题在昭和初期就已经有人指出过(末弘)[6],但在今天变得更为显著。过去的法学院教育是以培养官僚(包括司法官员)或者在野法律家为主要目的(东京大学或私立法律学校)。私立法律学校的毕业生做律师的人占很大比例,既然在能成为律师这一点上私立法律学校有其存在的意义,那么,私立法律学校的教育目的就不应该有所动摇。而且,大学院是为了专门培养研究人员的地方,只有极少数符合能力要求和职位要求的学生,才能把他们看作未来的研究人员,使之受到学徒式的教育。但是,现在已经不可能进

---

[6] 例如,末弘严太郎:《法学教育改革私案》、末弘严太郎:《谎言的功效》,富山房 1988—1932年版。

行这样明确的区分和定位了。

如果是这样的话,就必须考虑这个问题,即针对可能从事各种职业的学生要讲授什么样的民法和民法学呢(本来,将"职业"置于头脑之中这种想法本身就成了需要再进行探究的对象)?当然,通过设置不同的课程来进行处理也是一种方法(例如大学院的成人教育课程等),即便如此,作为各种课程所共通的教育内容,人们期待的是什么呢?这个问题依然是存在的(见补论)。

"法科大学院"构想 近年来,作为司法改革的一环,有人主张有必要增加法律家的数量。与此相关,有人论述了担当教育法律家重任的大学法学院教育体系的改革,有人设想设置"法科大学院"*。在现阶段,尚需讨论的地方还很多,但是再探讨法学教育的应然状态是合乎时宜的。

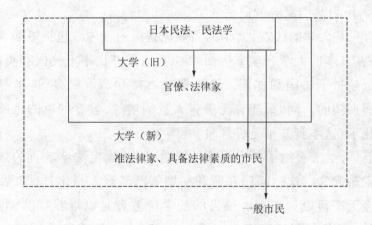

2. 作为社会构成原理的民法

最后是社会的变化。这里所说的"社会变化",并非指社会中随处可见的个别变化,而是社会整体的大变化。如何分析这个问题是

---

* "法科大学院"(Law School)是仿照美国法学院的模式而建立的。以培养实务法律家为目的的机构。从 2004 年开始,日本各大学纷纷设立了法科大学院,但是关于法科大学院与司法考试、司法研修制度以及传统法学教育模式之间的关系问题,现在仍处于讨论之中。"法科大学院"相当于中国的法律硕士专业培养方式。——译者注

颇具趣味,但又颇为困难的问题。这里想以"déréglementation"、"privatization"为关键词。我们马上就会想到将这两个词翻译成"放松管制"和"民营化",但若以另一种眼光来看的话,翻译成"脱规范"和"私事化"似乎亦可。

  但是,这果真是人们所期望的东西吗?确实,多年来支持日本社会的有形无形的制度,现在存在许多弊端,甚至被认为是桎梏。但是,废除所有的规范而依靠"私"的领域,能够解决问题吗?这样难道不会产生迪尔凯姆所说的"anomie"(失范)——社会解体时期出现的对行为和欲求的无规制状态——吗?难道没有用自律来取代自上而下之规制的必要吗?民法所具有的难道不是市民社会所具有的自律规范吗?参考文献所列出的星野英一的《民法劝学篇》中所说的,正是这个问题(请读者务必参照星野的这本书。本书在某种意义上可以说是我对该书所作的一个注解)。

参考文献

星野英一:《民法劝学篇》(岩波新书,1998年)

第一章
民法的历史

本章以"民法的历史"为题。首先,在第一节,我准备围绕"民法典的制定"的经过进行一番考察。接下来,在第二节,再探讨一下"民法典之后"的情况。

第一节　民法典的制定

一、前　提

首先,作为构成民法典制定的前提事项,一方面,有必要对民法典之前的法律状况大致进行一下回顾(一);另一方面,在19世纪末的日本,为什么需要制定民法典呢?我们有必要首先了解一下法典编纂的背景(二)。

（一）固有法

如果说"在以欧洲法为范本制定民法典之前,日本没有法律",那当然是不正确的。当时就有以各种形式存在的、涵盖民法调整对象的法律规范。姑且让我们把这些法律称为"固有法"。这样,我首先简单介绍一下固有法(其中与民法相对应的部分)的内容。在此基础上,再指出它的若干特点。

1. 内　容

虽然提到了固有法,但是,追述律令时期以来的法律史并非本书的目的。我觉得,如果以江户时期为中心,再加上明治初年的立法,就足够了。[7] 同时,如何来描述民法所调整的对象,也是一个问题。我认为,在这里,以关于所有权、契约、亲属的规则来举例,应该就足够了。在做出以上的保留之后,我想简单叙述一些极为常识性的东西。

首先,就(土地)所有权关系而言,与镰仓、室町时期不同,在江户时期,土地的所有和使用关系被单纯化,几乎只存在地主和佃户这两种形式。关于地主的权利(土地所有权),采取永久禁止田地买卖的政策。同时,对地目*和种植作物都有限制。每一项规定都是为了确保领主的年贡。佃权分为不定年限佃、有年限佃和永佃三种,三种佃权效力依次增强。

其次,就契约关系而言,江户时期的债权分为三种。不被公事(诉讼)所保护的中间事,诉讼保护力度不强的内济所鼓励的公事债权,还有通常诉讼所保护的本公事债权。甚至相对济令、弃损令被下达后,也有诉权乃至债权本身消灭的情况。并且,在提起诉讼时,需要起诉证书。

最后值得注意的是,就亲属关系而言,武士和平民适用完全不同的规范。涉及武士的身份关系需要申请,采取国家全面介入的政策。与此相对,涉及平民的身份关系,原则上采取完全放任的态度。更具体来看的话,纳妾不被禁止,但是不会把妾当作妻子来看待。武士离婚时,需要双方家长的和解才行,虽然据说平民是根据"三下半"**而赶走女方,但最近实际上大多也是根据和解来进行的。就继承关系而言,武士是根据被继承人的申请而再行给付俸禄。这样的俸禄叫做"家督"。即使在平民阶层,根据遗嘱来进行继承的情况也很多。

---

[7] 关于固有法,请参照石井良助:《日本法制史概要》(1952年),虽然资料略有些陈旧。同时,川口由彦的《日本近代法制史》是描述明治初年法律状况之概况的最新著作。

*　表示土地种类的名称,如耕地、住宅用地、道路等。——译者注

**　"三下半"是指给妻子的休书。——译者注

针对上面的各种规范,进入明治时期之后,我国制定了若干法律。广为人知的有《户籍法》(1871年,明治4年)、《地租改正条例》(1873年,明治6年)两个重要的立法[8],二者都具有强烈的公法色彩。除此之外,在金钱借贷方面还规定了诉讼期限(1872年,明治5年)[9],还贷期满后经过5年,债权消灭。

2. 特　色

从上面可以明了的是:第一,江户时期,法律所关心的对象是作为年贡来源的农地,以及构成身份制度之根本的武士亲属秩序。换句话来讲,由契约所产生的债权债务关系以及平民的亲属关系,被置于法律的调整之外。第二,特别是关于亲属法,武士阶层适用的规则与平民阶层适用的规则,在内容上有一定差别。还有一点要补充的是,不仅限于亲属法,在幕藩体制下,每个藩所制定的规则在细节上都会有所不同。

总之,在固有法中,规范调整的对象是部分的,规范的内容是不统一的。

(二) 背景情况

但是,考虑一下开国后的情况,就不得不对这样的法律制度进行改革。其中有以下几种情况。

1. 条约修改

在明治政府下大力气编纂法典的理由中,经常被提到的一个是,作为修改条约的谈判条件,必须进行近代法典的制定。在幕府末年与美国等国缔结的通商条约中,日本的裁判权及关税决定权等都受到了限制。众所周知,解决这个问题成了明治政府所面临的重大课题。

法典编纂首先开始于刑事法领域。1873年(明治6年)到达日本的保阿索纳德——明治政府的法律顾问——首先在这方面开展工作。1881年(明治14年),制定了旧刑法典和治罪法典。这两个法典均

---

[8] 福岛正夫:《日本资本主义和"家"制度》(1967年),此外,还参考了福岛正夫:《地租修改的研究》(1962年)。
[9] 参照内池庆四郎:《起诉期限规则简史》(1968年)。

于次年的 1 月 1 日起开始施行，前者的效力一直维持到明治末年，后者则实际上一直到大正末年都有效。

对刑事法的修订初见规模之后，民法典的编纂被正式提上了日程。关于编纂民法典的经过，我会在后面加以叙述。与此同时，井上馨外相所进行的条约修改谈判也备受瞩目。1887 年（明治 20 年）出台了《裁判管辖条约案》。对于该法案中可以任用外国法官的规定，日本国内的反对呼声甚高，其结果是，首相伊藤博文只好通告各国，令井上外相引咎辞职，并把条约修改无限期延至法典编纂之后。

这样，民法典的编纂就与修改条约问题紧密相关了。

2. 富国强兵

虽说修改条约是由于外在的压力，但更存在内部自发的理由。可以很明显地看出，明治时期的执政者们有着这样的想法，即，除了目前面临的与欧美各国进行的条约修改谈判之外，为了能够与欧美各国并驾齐驱，还必须谋求富国强兵之路。而且，为了富国强兵（或者正是为了富国强兵），也有必要编纂民法典。

在明治初年推进司法制度之创设的江藤新平有如下一席话，表明了对民法的看法（下面的引文，参照星野英一：《民法劝学篇》第 197—198 页）："归根结底，各国……政府和国民之间的关系均依靠法律来调整，国民与国民之间的交往也依法进行。遍观各国之通义，所有国家强大兴衰的根本，也全赖于是否严格执行国法民法……"江藤在别的地方也讲过："富强的根本在于民安，民安之根本在于摆正国民的位置。"并且，他还更为具体地谈到："关于婚姻、生育、死亡之法，严格来讲，由继承遗赠法规定；关于动产、不动产、租赁、买卖、共有之法，严格来讲，由私有、暂时占有、共有法规定。"

上面的观点并非日本所固有。比如，在制定法国民法典时也存在这种观点。作为起草者之一的波塔利斯*这样说道："好的民事法律的最大的善在于：人们之间能够互相给予，也能够互相接受。这是社会风俗的源泉，是所有权的守护神，因此，无论对于'公'来说还是对

---

* 波塔利斯（Portalis）系法国民法典的四位起草人之一。

于'私'而言,它都是和平的保障。于是,这些法律即使不是构成政府的基础,也是维系政府之所在","只有私权利才能保障公权力"。

这样,为了国家的发展,制定民法典也是有必要的。

二、结　果

在上述法律状况和政治状况的前提下,开始了民法典的制定。那么,民法典是如何进行制定的呢?(1)另外,制定的民法典又是怎样的?(2)下面按照1、2的顺序来看一下。

(一)编纂过程

1. 旧民法典

目前,作为制定法,我们有两部民法典,即1890年制定的所谓旧民法典与1896年至1898年制定并于1898年生效的现行民法典。首先,让我们简单回顾一下前者制定的经过。

江藤新平开始编纂民法典是在1870年(明治3年)。江藤下台后,作为后任的司法卿,大木乔任继续进行该项工作。该时期的中心课题是身份法的制定。制定的各法律草案也都与身份法有关。因为身份关系的确定被认为是所有法律的基础,并且,统一武士法和庶民法也成了当务之急。

但是,由于以箕作麟祥为中心制定的各项草案都未能脱离对法国民法典的照搬照抄,因此,政府于1879年(明治12年)任命保阿索纳德起草法案。元老院的民法编纂局审议了保阿索纳德的草案,但是,如上所述,随着井上的下台,政府在机构上进行了重组。1887年(明治20年)秋,设立了以司法大臣山田显义为委员长的法律调查委员会,在此之后,该法律调查委员会开始了对该草案的正式审议。

同时,1888年(明治21年)保阿索纳德起草的财产法部分(包括财产编和财产取得编的大部分、债权担保编、证据编)和1890年(明治23年)日本人委员(以熊野敏三、矶部四郎、井上正一等司法省法律学校的第一期学生以及留学法国的成员为中心的6名成员共同合作)起草的家族法部分(包括人事编、财产取得编的继承部分)完成,两者都在同一年被公布(两部法律日期不同,逐编标记条数)。这样,日本最初的民法典就只等1893年(明治26年)1月1日生效施行了。

2. 现行民法典之前

但是,在旧民法典公布前后,对该法典(特别是其身份法部分)的批判之声愈来愈高。1889年(明治22年)5月,以法学士会(东大法学部同窗会)发表的《关于法典编纂的意见》为契机,人们发表了各种反对意见。对此也有相反论调出现〔1891年(明治24年),穗积八束提出"民法出则忠孝亡"〕。这就是所谓的法典之争。结果,在1892年(明治25年),村田保等人向帝国议会提出延期施行民法、商法的法律议案,贵族院经过3天的大论战,通过了该法律议案。断行派也曾作出过阻止该延期法律议案通过的努力,但是,在贵族院通过后5个月,即1892年年末,该法案仍然得以公布。这样,"因为要进行修改,所以延期到明治29年(1896年)12月31日施行",民法、商法就被延期施行了。

接下来,翌年即1893年设立了法典调查委员会。该调查委员会由穗积陈重、富井政章、梅谦次郎(三人都是东大教授)三人作为起草委员,制定了原法律草案(分别起草,通过合议再制定成法律草案),通过主审委员会、委员总会两个阶段的审查(从总则的后半部开始改为一次审查)。同时,整理会对作为审查结果的法律草案进行调整。这样,1895年末完成了对前三编的审议,允许向帝国议会提出法案,于1896年4月得以公布。接下来继续进行对后两编的审议,但是,这后两编没有在预定的1896年末完成,而是根据《关于法典施行延期的法律》,至1898年6月通过并公布。

而且,两部法律(前三编和后两编。没有采取把这两部统一为一部法律的措施)于1898年7月16日同时施行。[10]

(二) 评 价

1. 法典化

以前述方式制定的现行民法典为基础,以后便展开了长达百年的日本民法和民法学的历史。关于这以后的历史,我准备在下一节展

---

[10] 关于以上的经过,参照广中俊雄:"日本民法典编纂史及其资料——关于旧民法公布后的概况",《民法研究》(第一卷)(1996年)。

开论述。我想在这里简单地谈一下对现行民法典成立的事实以及对其内容的评价。首先,有必要从产生现行民法典的法典论争开始说起。

法典之争中提出了各种各样的观点。在其背后也存在着各种各样的事由。因此,关于法典之争的本质,也有各种议论。[11] 以围绕修改条约之谈判的政治因素的影响为例,在1889年(明治22年),外相大隈重信在背地里秘密进行的修改条约谈判被发觉,该行为引起了民愤(大隈在炸弹恐怖中受伤,黑田内阁全体辞职)。民族情绪的高涨,成为对具有欧洲风格的民法典产生反感的原因。此外,还有法国法学派和英国法学派之间的对立。如果制定了法国民法典风格的民法典,则在此之前一直学习英国法的人的日子就不太好过。另外,司法省与大学之间的对立也可算得上另外一个原因。因为大学(东大)教授不喜欢司法官僚所主导的立法。

不考虑上面的这些情况,延期派的惟一理论根据是,"完整的法典应该待民情风俗稳定之后才能制定","如果想要法典顺利地得以实施,就必须将草案公布于众,经过一定的时间,广泛听取公众的意见和批评,再加以修正,以期完成"。

这是"时期尚早论"。那么,法典论争中取得胜利的是"时期尚早论"吗?似乎并非如此。确实,延期派中存在时期尚早论,进一步讲的话是法典化反对论。并且,这种论调让人怀疑是受了上面提到过的传统法意识的支配而产生的。也就是说,私人之间的权利义务关系是与国家没有关系的私人事情,民事纠纷尽可能用"内济"来解决比较好,即使受理诉讼,参照惯例予以个别具体地判决就可以了。

但是,成为延期论优胜者的穗积八束的论点与上面的观点是不同的。他并非主张不要民法典。他想要的是"国家的民法"。他这样说道,"从国家角度进行观察,民法是社会财产的分配法,是分配资本和劳力相配合所产生之社会财富的权衡",但是,"近代民法,谋求'国家民法'"。

---

[11] 关于法典论争的文献很少,这里仅举出中村菊男:《日本的形成——修改条约和法典编纂》(1956年)。

换言之,现行民法典的编纂,在修正了旧民法典的"个人本位"之后,从国家的立场来看,制定民法典本身就是必要的。民法典的调整对象已经不应该停留在私事领域上。把其作为公事来制定民法是有必要的——在这一点上,明治时期的执政者和法学理论指导者,超越立场上的不同而具有共识。民法典的编纂,是克服轻视(蔑视)民事立法功能的固有法意识的一次尝试。

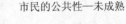

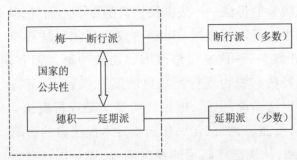

2. 法典的特色

如上所述,无论如何都有必要对民法典编纂本身进行一番充分的评价。那么,编纂出来的民法典具有怎样的特点呢?这是最后要回答的问题。在这里,我仅就民法典的形态特点讲两点。

第一,采用所谓的潘得克吞体系(这是"法典调查"的方针之一)。其背景是在民法学上出现了从法国法学向德国法学的转变。当时,(学习的)准据国发生了从英国、法国向德国的转变,虽然在程度上略有些差别,但是,在各种各样的学问技术领域都可以看到这种转变。[12] 此外,在民法学方面,又有了1896年的德国第一民法草案的出台。这样,德国民法倒成了最新的范本。

潘德克吞体系 德国民法上民法典的编纂方式,在区别物权和债权以及将总则与分则层次化这两点上富有特色。这种称呼来源

---

[12] 关于这一点,参照山室信一:《法制官僚时代》(1984年)。

于以公元 6 世纪优士丁尼大帝编纂的罗马法大全《学说汇纂》（digeste）（"潘德克吞"是其德语的汉译）为基础的 19 世纪德国潘德克吞法学（也称作"德国式"）。但是，法国民法典及沿袭法国民法典的日本民法典的编纂方式，由于来自于罗马法大全中的《法学阶梯》（institution），所以叫做"法学阶梯式"（也称"罗马式"）。其特点在于人、财产及财产的取得方法的三分法。

但是，在另一方面，在现行民法典中依然可以清晰地看到旧民法典甚至旧民法典的母法——法国民法典的影子。而且，从现行民法典的制定过程中也可以明显地看出——议会提出的法律草案的名称是《民法中修正案》——这是以修改旧民法典的形式而制定的。因此，也有人将旧民法典视为现行民法典的第一草案（福岛，广中）。暂且不论是否可以这样说，但是，旧民法典确实是现行民法典的基础。在这种意义上，不能轻视"法国民法典给日本民法典的影响"（星野）。

如上所述，从民法典制定的经过来看，现行民法典是以法国法和德国法为基础而制定的混合型法典（另外，也有参考意大利法、英国法的地方）。同时，这也给法典制定后的民法学以极大的影响〔出现了德国法学全盛时代（1810—1820 年代）以及法国法学复兴的时代（1870—1880 年代）〕。

第二，更重要的一点是，有必要指出现行民法典的条文很少这一特点。日本民法典和法国、德国的民法典比起来，条文规定仅仅相当于后者的一半。而且，值得注意的是，现行民法典省略了关于定义和原则的规定。这种做法有以下两个理由。其一，这是对旧民法典之批判的回应：因为有人批评旧民法典"把上述的定义、原则之类等理所当然的东西写进去，简直就是教科书"。其二，由于此次立法时间比较紧，没有充分对习惯等进行调查，因而对细节方面不予规定，等待将来再予以展开。

作为所谓的"开放的民法典"，日本民法典被制定出来了。这样就保障了学说（或者判例）的活跃。这也是民法典起草者们的意图之所在。例如，富井（政章）在批判旧民法典的贵族院演说及其后的民法教科书中都清楚地表达了这一点。这种意图产生了如下几个结果:(1)在其后的民法历史中,判例发挥作用的领域很大,必须依靠立法的领域相对较少;(2)民法学的重点放在了狭义的法解释之上(原理、政策这样的宏观意识比较淡泊);(3)民法典的表达方法(欠缺定义、原则)对一般市民而言是不易理解的。综上所述,法典被认为应该是法律学家依靠技术进行操作的东西。

这对日本民法和民法学的历史产生了不小的影响。但是,具体的问题我们在下一章再进行讨论。

"判例"和"学说"[13] "判例"这一用语,在以下两种情况下使用:(1)指根据法院(特别是最高裁)通过判决确立并依据法律所产生的规则;(2)对某一问题的法院(包括下级法院)判例。为了明确区分两者,把前者称为"判例法"或者"判例的准则";把后者叫做"审判例"或者"下级审判例"。"学说"这一用语,并非指学者的主张、见解,而是多用于指对某个问题的学者的意见。在这种情况下,分为(1)指专门学者(几乎)一致的意见,和(2)指单个学者的个人意见。

参考文献

中田薰:《德川时代文学中的私法》(岩波文库,1984年)

毛利敏彦:《江藤新平——急进改革者的悲剧》(中公新书,1987年)

大久保泰甫:《日本近代法之父保阿索纳德》(岩波新书,1977年)

第二节 民法典之后

1898年所施行的日本民法典之后的历史,当然是与20世纪日本的历史紧密相关的。在社会、经济或文化背景的基础上考察20世纪的日本民法史,是很重要的一件事,但这又并非是简单易行的一件

---

[13] 大村敦志:《法源、解释和民法学》(1995年)(第一部分)。该书以法国法为素材,对"判例"和"学说"的各种表现形式进行了研究。

事。下面,我不得不以"民法典的修改(包括草案)"、"特别法的制定"以及"判例法的确立"等实体法的变化为中心,在对背景资料进行若干论述的同时,对这段历史进行概略的论述。

如果用大的时间段来划分的话,将作为战后改革的一环、经过较大修订的"新民法"的施行(1948年)作为分水岭,可以分成"战前"和"战后"两段(Ⅰ、Ⅱ)。但是,对于民法史而言,所谓的"战前"、"战后"又是什么含义,这本身就是应该弄清楚的问题,而且,这只是停留在目前的划分方法上(最近,也出现了重视战前战后之连续性的看法)。而且,关于时代划分,同时也将介绍下图所示的两种观点作为参考。前者是星野英一所主张的,后者是利谷信义所主张的(星野着眼于最近活跃的民事立法而称其为"第三法制变革期",利谷则围绕着最近家族法改革的论争称作"第四次法典论争",以此为前提,进行如下的时代划分)。

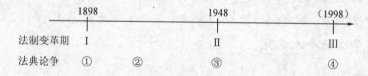

一、战　前

赋予战前的日本民法史以特征的,乃是为了实现"近代化"而进行的法制完善活动(一)。对于在欧美各国之后进入世界市场的明治时期的日本而言,法典编纂自身就是为了实现"近代化"的策略,这一点想必读者在第一节中已经明了。这些情况在法典制定后基本上也没有变化。另外,进入1920年代以后,对社会问题的解决作为新的课题出现了(二)。这也可以算得上是赋予战前民法史以特征的重要因素。

(一) 近代化

作为近代化的策略,具体而言,日本在为增强生产力而采取法律措施的同时,也在谋求能够培养出建设现代化的国民。

1. 生产基础的确立

从民法典的债权总论和担保物权法的功能着眼,有人称其为"金融(交易)法"[14],因为其中规定了便于筹集资金的物的担保和人的担保,以及债权转让等法律手段。但是,民法典设定的以抵押权为中心的古典担保制度不一定充分发挥了作用。因此,一方面,作为不需要正规拍卖手续的更简便的担保手段,以让与担保为代表的非典型担保在交易社会里不断被利用。另一方面,有人要求制定更有效率的担保制度,例如,使复数财产的一揽子担保化及特殊动产担保化成为可能。于是,为了满足后者的要求,在法典编纂之后立即就在这方面进行了立法。

如果具体来看的话,首先必须对1905年三种财团抵押制度的法制化大书特书一番。《工厂抵押法》、《铁道抵押法》、《矿业抵押法》等相继出台,目的在于通过这些制度来引入外资。为此,在制定这三部法律的同时,又制定了《附担保公司债券信托法》。1958年的《企业担保法》可以被认为是这些立法的延续。同时,1933年的《农业动产信用法》、1951年的《汽车抵押法》、1954年的《建设机械抵押法》等以特殊动产的担保化为目的的立法居多。

同时,对1909年制定的《建筑物保护法》也想说几句。该法所采用的新法理——建筑物登记是场地租借权的对抗要件——必定是保护租地人的第一步,但有必要注意的是,比起保护住宅用的租借地来说,保护都市中工商业者的营业用地乃是其主要的着眼点。

这样,确保经营者的资金和营业用地,是法律修改的首要目的。

2. 创造国民国家

对于经营者而言,除了资金和营业用地外,他们需要的是劳动力。对劳动关系本身进行调整的是民法典的"雇佣"规定,其前提是存在具有良好素质的劳动者。培养能够根据工作场所的要求来行事的劳动者,以及肯为事业作贡献的劳动者——这是必要的。更普遍地讲,努力的目标是培育对国家是(富国强兵)合适的、有帮助的人及社会。

众所周知,明治民法的家族制度奠定了培育符合上面要求的人和社会蓝图的基础。着眼于此,明治民法被多次批评为是"作为意识形

---

[14] 参考内田贵:《民法Ⅲ》(1996),第8页等。同时,铃木禄弥和清水诚编的《金融法》(1975年)也是(这方面)一个尝试。

态的家族制度"的温床和骨架(川岛)。[15] 但是,明治民法一方面也包含着创造现代家族关系的意图。虽然存在着户主权,但是,至少在法律上,家族关系作为权利义务关系已经形成了。其中包含着将家族关系(更广泛的社会关系)法制化的契机。

因此,对于具有中间性、妥协性的明治民法的家族制度,在民法典制定后,以下的两种势力依然继续对峙着:一种主张认为,应该将其视为国家的。与其相反,另一种主张则将之视为个人主义的。从下面可以看到,在1920年代以后,各种社会运动激烈展开,到了这个时期,执政者迫切感到有必要强化国民的整合。

因此,在1919年的临时教育会议上,决议通过"维持我国固有的淳朴民风和良好风俗,修改法律中不适宜的部分",因此,设立了临时法制审议会并进行了民法修改工作。该审议会于1925年发布了《民法亲属编改正纲要》,又于1927年发布《民法继承编改正纲要》。由主审委员长富井政章、起草委员穗积重远主持的纲要草案不一定是保守的,反倒是吸收了许多具有进步倾向的东西。

总而言之,对于希望创造出国民国家的人们而言,制定怎样的身份法,确实是其关心之重点(利谷把该时期的论争称为"第二法典论争")。

(二) 社会问题

1. 劳动、佃权问题

上面也稍微提到过,1920年代以来,各种各样的社会问题纷纷涌现。这些问题的中心是城市里的劳动问题和农村的佃权问题。于是,当时的民法和民法学也不得不关心这类问题。能够较好地说明这种情况的例子,可以算是末弘严太郎的两部著作的发表时间和标题,即1924年的《农村法律问题》和1926年的《劳动法研究》。

从具体的立法来看,首先应该注意的是,于1911年制定的《工厂法》(规定工厂劳动者之劳动基准的法律)到1916年才得以施行。

---

[15] 参考川岛武宜:《作为意识形态的家族制度》(1957年)、《日本社会的家族构成》(1948—1950)。现在,将收录这两部著作的论文进行重新编排的川岛武宜:《日本社会的家族构成》(岩波现代文库,2000年)重新公开发行了。

1921年的《租房、租地法》和1922年的《租房、租地调停法》更是具有保护劳动者居住条件的意义。同时,在1926年,通过灵活地运用租房、租地调停的技术,又制定了《劳动争议调停法》。而且,关于佃权问题,同年也制定了《佃权调整法》。

关于佃权关系的实体法规则的自身改革,以农商务省农务局的佃权分室及佃权制度委员会为中心,推动了1920年代佃权法草案的拟订。[16] 但是,在1931年,虽然佃权法草案经过修改后在众议院得以通过,但是,由于受到贵族院的反对,审议最终没有完成,反而成为废案。同时,在整个1920年代以内务省社会局为中心研讨的劳动工会法案,也于1931年流产了。

这样,劳动立法、佃权立法是1920年代的重大课题,虽然法律修改的一部分得以实现,但重要的部分还是被拖延到战后。

2. 战后改革

作为战后改革的重要支柱,劳动立法和农地改革是众所周知的。宪法中明确规定了劳动基本权,《劳动基准法》、《劳动工会法》和《劳动关系调整法》等三部劳动法一经制定,作为独立法律领域的劳动法就确立了。同时,关于农地,通过实施《自耕农创设特别措施法》,佃农急剧减少,佃权问题已经失去了社会重要性。

另一方面,关于人和家族的问题,根据新宪法的"个人的尊严和男女平等"(宪法第24条),民法典进行了很大的修订(参照民法第1条第2款)。结果是,至少在法律条文上,已经基本上完全实现了自由化和平等化。即"家制度"几乎完全被废止(废除了户主权和家业继承,但是依然残留姓氏和祭祀的问题),贯彻了夫妇平等、父母平等(夫妇别产制和共同亲权),与其他国家相比,率先实现了离婚自由化(原来承认协议离婚,但是在判决离婚中引入了不要求对方有不忠等有责事由的破裂主义)。

在战后的逆反潮流中,保守阵营中有人提倡再修改民法。但结果是,1954年设立的法制审议会民法部会指出了彻底贯彻战后大修改

---

[16] 关于背景及经过,参考广中俊雄:《农地立法史研究上卷》(1979年),川口由彦:《近代日本的土地法观念》(1990年)。

的方向〔《法制审议会民法部小委员会上的临时决定及保留事项(其一,其二)》1955年、1959年〕。1962年和1980年进行的以继承法为中心的民法修改,是沿着这条线进行的。同时,从民间的言论来看,我们也可以发现,"新民法"的家族观亦逐渐渗透到社会中去了。

一方面,保障劳动基本权,另一方面,随着家族制度的解体,战后社会的整合功能似乎日渐减弱。确实,1950年代持续爆发了大规模的劳动争议,1960年代《安全保障条约》将国民的观点一分为二,社会开始不安定起来。但是,战败后的"悔恨共同体"通过谋求"富裕"的合意而被联合起来,1960年代开始向经济成长时代迈进。

二、战 后

战后民法史也不能说与"富裕的社会"这样的国民志向无关。但是,无论如何,战后民法史是在经济发展的大潮中,以对容易被忽视的生活上的各种利益的考量为轴心而开展的(一)。同时,在国民的目标——富裕社会——首先达成后,便又开始寻求其他方向(的目标)。如何将最近的动向进行定位是很困难的。在这里先看一下向"多元社会"转变的看法(二)。

(一)迈向"富裕社会"

1. 住房和安全

战后初期,民法的重大问题是对住房问题的处理。城市的建筑物由于战争而遭到破坏,住房十分紧张。受灾者,再加上归国者,对住房的需求急剧扩大。夸张一些讲,一旦失去获得的住房,就意味着不能找到临时住房。因此,形成了极端限制以不付租金或转租为理由而解约的判例法。这被称作信赖关系破坏法理(不仅要满足形式上的解除要件,实质上当事者之间的信赖关系没有达到破裂的程度,就不能解除)。1965年的《租房、租地法》(旧)的修改是这个时期形成的租房、租地法法理的集中体现(在学说水平上,1969年的星野英一的《租房、租地法》也起到了同样的作用)。

除过住房以外,人们还需要安全。高度工业文明带来各种各样的事故——比较典型的有1950年代的交通事故和1960年代的产业公害——如何保护生命也是切身问题。在这些领域,判例法理的发展也是很显著的。1970年代前半期的四大公害诉讼就是代表。当然,我国在这方面也进行了立法。1955年制定了《汽车损害赔偿保险法》,1968年制定了《大气污染防止法》,1970年制定了《水质污染防止法》(全部采用了无过失责任)。

这样,满足人们的居住和安全这种基本需求,用更准确的说法来说,给在这些方面处于极其不利地位的人们以救济,是迈向"富裕社会"的战后日本民法所面临的最大课题。[17]

交通事故和公害[18]　这个时期交通事故激增,法院也因此而忙于受理交通事故诉讼。为处理这些(诉讼),就损害金额的计算和过失相抵等问题形成了判例理论〔第三章第2节第三小节1(1)〕。同时,从关于水质污染(熊本和新泻)的水俣病诉讼,(富山)的疼痛(イタイイタイ)病诉讼,关于大气污染的四日市的诉讼,以及过失和因果关系及共同不法行为等方面,也可以看到判例理论的发展。

2. 消费和环境

整个1960年代持续高速发展的日本经济,尽管有1973年的石油危机,但始终维持着一定的发展速度。如果只看经济实力的话,到1970年代,战后的日本已经实现了"富裕社会"的目标。

进入这一时期,人们希望的是质量更高的富裕生活。即使只是一个卖鳗鱼的,也已经有了安身之所。对因交通事故或公害等受到的损害赔偿,已经多少得到了保障。接下来的目标是消除日常消费交易中经营者的不公正行为,维持良好的生活环境。随着1970年代市民运动的推波助澜,对消费者问题和环境问题的关心逐渐增加,以致出现了各种诉讼。

特别是关于消费者交易的下级法院判例增多了,正如交通事故及

---

[17] 关于这个问题,请参考濑川信久:《"富裕社会"的出现和私法学的课题》,《法的科学》第19期(1991年)。

[18] 概括当时情况的资料,有《现代损害赔偿法讲座》(全8卷)(1972—1976)。同时,关于最近的情况,请参考《新现代损害赔偿法讲座》(全6卷)(1997—1998)。

公害判例对不法行为理论的影响一样,这些判例对契约法理论也产生了影响。在立法上,我国也制定《分期付款销售法》(1962年制定,1972年、1984年、1999年修改)、《上门销售法》(1976年制定,1988年、1996年、1999年修改)等重要的法律。但是,在1980年代以后所强调的规制缓和与自己责任的论调中,单纯地保护消费者也被迫进行了修改[19],该影响也波及到1999年制定的《消费者契约法》[20],最初的草案本打算从消费者契约的缔结过程及契约内容上进行限制,但出台的法律与此相比却后退了许多。关于环境保护,在1970年代后半期以后,一系列的禁止诉讼都以失败而告终,可以说1980年代进入了寒冬。但是,以1992年峰会为契机,再次掀起环保热潮,1993年制定了《环境基本法》、1997年制定了《环境影响评价法》。[21]

这样,消费和环境保护的问题情况略有不同,但是,这两个问题确实都是仅在民法领域不能解决的问题。要对被害者个人进行救济,同时也要考虑宏观的消费者政策和环境政策。但是,现阶段讨论较多的问题是,从宏观角度出发如何来充分发挥个人的主导性,以及在整个法律政策中赋予民事措施以怎样的角色。

(二)迈向"多元社会"

从1960年代到1970年代,战后日本经历了巨大的社会变动。尽管如此,在民事立法上并没有发生如此大的变革。其中的原因,大概有以下几点:在财产法方面,通过判例进行了活跃的法理创造(昭和40年代是"判例时代");在家族法方面,战后的大修改是先进的,走在了社会变化的前面。

但是,1980年代后半期以后,情况就有所变化了。对该时代的分析通常是有困难的。在这里,我想对应于民事立法的焦点[22],试图从

---

[19] 围绕消费者原理的问题情况,请参考大村敦志:《消费者和消费者契约的特征》、《消费者、家族和法》(1999年,1990年)、《消费者法》(1998年)序。

[20] 河上正二等:《消费者契约法》,NBL增刊,第54期,1999年。

[21] 关于环境法的现状,请参考阿部泰隆一淡路刚久:《环境法》(1995年),山武道=大土冢直=北村喜宣:《环境法入门》(2000年)。

[22] 关于最近的民事立法动向,请参考星野英一:《民法典的百年和当下的立法问题》,《法学教室》第210期(1998年)。

两个视角进行分析。其一,如何进行与全球化和信息化时代相匹配的市场完善;其二,如何维持失去了达成共同目标合意的社会的秩序。

"判例时代" 在质和量两个方面,昭和40年代都称得上"判例时代"。该时期最高裁民事判例集(简称"民集"。判时或《判夕》是刊载下级法院判决的《判例时报》和"判时"*的简称。此外,"金法"(《金融法务情况》的简称)上所刊载的案件数是现在的二至三倍,而且,其中的代物请偿契约(最高裁判决昭和42年11月16日,民集第21卷第9期2430页)、利息限制法超过利息(最高裁判决昭和44年11月25日,民集第23卷第11期第2137页)、扣押和抵销(最高裁判决昭和45年6月24日,民集第24卷第6期587页)等包含着重要的判例。上面已经提到,即使在下级法院的审判中,这一时期也出现了四大公害诉讼判决。

1. 市场完善

1980年代后半期以来,主张规制缓和的人逐渐多起来。在这一背景下,福利国家过于庞大,"规制的失败"变得明显起来——这已经很普遍。在日本,不能忽视以下政策要素所发挥的作用——首先是日美贸易摩擦的解决,同时还有摆脱泡沫经济的政策。

例如,紧随1991年对《租房租地法》的修改(形式上新法的制定),最近在我国法律上又创设出"定期租房权"的概念(与一般的租房权不同,是不能更新的租房权)[23],最近的讨论具有很浓厚的景气对策之象征的色彩。总而言之,如果废除规制的话,租房供给就会增加,市场也会更加活跃。但是,有必要首先脱离"《租房租地法》——规制——废除"这样单纯的公式而进行冷静的讨论。我们也不能忽视1994年制定的《制造物责任法》或者1999年生效的《金融商品销售法》等与规制缓和的关系(前者与"事前规制乃非关税壁垒"这种说

---

* 原文为《判例タイムズ》,这里译为"判夕"。——译者注
[23] 参照《特集——定期借家权构想的问题点》,《法学家》第1124期(1997年),《特集——引入定期借家权与住房政策》,《法学家》第1178期。

法相关,后者与金融自由化相关)。对安全性或契约条件敏感,即使本身是妥当的,但是否能够解决事后救济及信息公开等所有问题,也还有必要进行慎重考虑。

如果说规制缓和消除了交易的障碍——这是"减法",那么,与此不同,也有必要谈一下准备新交易方案这样更加积极的"加法"。1998 年制定的关于债权转让的立法,以及与不久将成为问题的电子交易相关的各种立法措施(已经实现了一部分,如 2000 年的《电子签名法》[24]),都可以定位于此。

但是,如果实行彻底的自由放任,就这些方案而言,国家法律并没有插手的必要,由当事人各自在契约的基础上进行考虑就足够了。在这种意义上,无论进行规制还是提供方案,都需要国民或者国家认为有必要才行——除此之外,别无他法。共同完善什么,由个人创意来完成什么——这与国民的选择有关。将完善市场作为国民或国家的任务(即使这种观点是强有力的),也只是一种想法。

2. 社会秩序

去掉各种各样有形无形的契约,在扩大个人活动领域的时候,社会作为社会存在还是可能的吗?没有将某种共通价值、一定的凝聚力置于社会内部的必要吗?如果从这种观点来看民事立法的话,那么,下面两种倾向是很有意义的。

第一,人们开始关注儿童和老年人。经济高度发展的社会是 24 小时都在战斗着的"成年男子劳动者"的社会。儿童或老年人在该社会里只存在于周边的位置上。但是,现在不能不关心儿童和老年人。当然,少子化、高龄化已成为社会问题。但是,如何保障儿童的权利、权益以及老年人的自律、福利——这些在原理上也可以说是重要的问题。人们认识到,解决这些问题需要花费一定的成本,同时又必须为这些人考虑——必须达成这样的共识。1987 年的《特别收养法》在某种意义上是对很小的问题作了规定,但可以说是着眼于儿童利益的

---

[24] 参照《特集——电子交易法制的状态》,《法学家》第 1138 期,《特集——电子交易》,载《法学家》第 1183 期。

立法。[25] 同时,1999年的《成年监护立法》可以说是与老年人(更可以说是与残疾人)相关的立法。[26]

第二,关于国家和个人之间存在之团体的走向。对配偶转嫁为"贤内助"的劳动者,或者对地区社会不关心的"公司人"——从这样的状态脱离,能够形成新的家族和新的团体吗?对现在被搁置的《婚姻法修正案》或者1998年3月制定的《特定非营利活动促进法》(即NPO法)等,有必要从这样的观点进行探讨。[27]

在全球化、信息化的今天,维持某国特有的习惯是困难的。国民也不想要整齐划一的、压制性的法律制度。但是,即便如此,我们所追求的共同价值依然存在,没有与他人之间的联系,我们就无法生存。如果是这样的话,在允许个人多样性生活方式的同时,保持缓和的、整合的社会(在自由生活的同时,又不失去为他人的考虑——由这样的个人组成的社会),我们难道不应该期盼这样的"多元"社会吗?同时,今后民法的发展,不正是与这个"多元"社会相关,同时更加具体地构想这样的"多元"社会吗?关于这一点,我想在后面再加以论述(第五章第二节)。

特别养子法、成年监护法、婚姻法 所谓特别养子,是指与亲生父母断绝关系、限制其与养父母断绝关系的一种新型养子。成年监护与对未成年人的监护不同,它是指以由于精神障碍而导致判断力降低的人为对象的监护制度。这些制度通过修改民法而得以引进,成为民法典的一部分,规定该制度的部分以及对此进行修改的立法被称作《特别养子法》和《成年监护法》。至于《婚姻法》这种称呼,并不是因为存在叫做《婚姻法》的法律。而且,在《婚姻法修正案》中,增加了可以选择夫妇异姓及婚生子和私生子继承份额平等化等制度。

---

[25] 参见中川高男:《第二自然——特别养子的曙光》(1986年),米仓明:《特别养子制度研究》(1998,1984—1990)。
[26] 参见《特集——成年监护制度的立法课题》,《判例时报》第1141期(1998年),《特集——新成年监护制度》,《判例时报》第1172期(2000年)。
[27] 参见《特集——NPO法的研讨》,《判例时报》第1105期(1997年)。

参考文献

我妻荣:《债权在近代法上的优越地位》(1953 年,1927—1929 年)
福岛正夫:《日本资本主义和"家"制度》(1967 年)
福岛正夫:《日本资本主义的发达和私法》(1988 年)
吉田克己:《现代市民社会与民法》(1999 年)

第二章
民法的内容

本章将说明民法内容的特点。第一节着眼于民法使用的技术,第二节想着眼于民法所体现的思想。如果重视民法中的"思想",那就首先应该从思想这方面开始;但如果考虑历史的脉络,还是把"技术"放在前面说明比较容易。因为民法首先发展的是技术方面;开始提倡"自由、平等"这些价值则是近代以后的事情。

第一节 民法的技术

虽说是民法技术,但要提及所有的技术当然是不可能的。这里并非要讨论各种法律的个别技术,而是对极为基本的东西,即所谓的应该叫做民法思考方式的东西进行思考。

一种方法是选定基本要素,然后将这些基本要素进行组合,构建法律关系的思考方法(一)。作为民法的基本技术,这种方法很容易理解。另一种方法,就是通过自然和作为的对比、组合,来把握各种各样法律关系的原因(二)。这种方法有点难以理解,但是,如果我稍作说明的话,大家就会得出"确实如此"的认同。

一、要素和关系

例如,在某本标准的教科书(内田贵:《民法Ⅰ》)上,有下面这样一幅图。

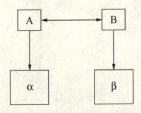

该图表示的关系为:A 是 α 的所有人,B 是 β 的所有人,A 和 B 缔结契约交换 α 和 β。就是这样简单的一幅图,简直就勾画出了民法的构成要素及其基本关系。把私人间的法律关系还原到这幅图,可以说是民法的基本构想方法。对于学习了一点民法的人而言,这些是无聊且理所当然的。但是,在我对这些进行说明之后,这些人实际上就会大吃一惊。第一部分将对该问题进行说明。

(一) 支 配

1. 权 利

首先来看上图中连结 A 和 α 的竖线。这表示"权利",特别是"所有权"。A 这个人在事实上支配 α 这个物的这种状态,在古今中外、东西南北都是普遍存在的。但是,这种状态就是"权利",支配 α 的这种地位是正当且排他的——这一点为 A 所认识到,则未必可以说是很普遍的。

例如,幼儿拥有某种东西,他(她)也许模糊地意识到那是自己的东西。但是,却未必意识到那个东西是自己有权排他进行支配的,并且这种支配是正当的。存在更加缓和的支配观念、更加事实性的支配观念也不足为奇。

对此,把所有的法律关系用"权利"来进行表示,是近代民法的思考方式。在这种意义上,民法是作为权利的体系而被构建的。

2. 人和物

接下来,把两项用竖线连接起来,被置于这条线两端的 A 和 α 之间就有了关系(虽说是"接下来",但按说明顺序来看,在理论上讲应该是"同时")。在这里所表现的是,区别成为权利主体的"人"和成为权利客体的"物",也就是所谓的人和物的两分法。

两分法对我们而言似乎是不言而喻的,实际上并非如此。比如,让我们想想在刚开始学习民法时的惊讶吧。民法中"动物"是"物",而在日常生活用语中,"物"是无生命的东西。在民法上,"物"是除人以外的存在。但是,一直以来就有围绕把人作为非人的东西进行处理的争论,"人"和"物"之间的界限未必是分明的(例如"胎儿"是否是"物"的问题)。但是,即使这样,严格区别支配的主体之所在"人"和客体之所在"物"的思考模式依然存在。

归纳一下。"所有(propriété)"是指(某物)作为谁(quelqu'un)固有(propre)的东西归属于他(她)。归属的方式是排他的,归属的主体是人(因此客体是物)。

上面讲了 A 和 α 的关系。从这里,能够推导出 α、或者 A 对 α 的权利是不可侵犯的。任何人都不能对 A 对 α 的支配关系有所微辞,也不能侵害这种支配关系。B 对 β 的支配也是同样的。但是,仅仅这样静止不动的话,A 和 B 之间就不会产生积极的关系。

(二) 交　换

1. 意思—行为

为了通过正当途径得到 A 所支配的 α,B 应该怎样做呢?同样,A 为了正当获得 B 所支配的 β,A 又应该怎么办呢?为此,A 和 B 必须互相交换各自支配的 α 和 β。再细些讲的话,就是——A 为了获得 β 而把对 α 的支配权转让给 B,B 为了获得对 α 的支配权而把对 β 的支配权转给 A——这样的交换。

这里,仅仅着眼于 α 的所有权转移的话,把自己所有的 α(或者对 α 的支配权能)给 B——A 可以这样做。这只要通过 A 对 B 表明意思就可以做到(正确地讲,B 表明接受的意思也是必要的)。B 也可以同样处理对 β 的所有权。这两个意思的表明也是互为条件的。这样就达成了契约。

A 可以这样处分自己支配的 α。相反,也可以这样获得他人支配

的 β。这都是 A、B 的行为(意思表示)的结果。这样,物的所有权的转移作为原来的所有者(例如 A)和新的所有者(例如 B)之间行为(意思表示)的结果得到承认。这就是上图中横向箭头的意思。

我不认为这里说得很明白,如果简单考虑的话,可以说,根据意思进行所有权转移未必是不言而喻的。如果这样考虑的话,那么,意思表示和法律行为等概念就是基于人为的选择而构成的概念,在某种意义上,这些概念是"危险的",正因为如此,它们是划时代的法律技术。

45 **法律行为和意思表示** 法律行为以意思表示为主要构成要素。由于仅仅有意思表示就能产生法律行为效果的情况很多,因此,在很多时候,法律行为和意思表示被作为同义语来使用。

2. 物权和债权

A 对 α 的所有权,根据 A 和 B 之间的契约转让给 B。前面我们分析了这种理所当然的东西,但是,还有必要再作进一步的说明。A 对 α 的权利(所有权),是具有一定内容的、定型化的东西。这种权利通过 A、B 之间的契约而得以转移。也就是说,通过契约,B 获得了能够要求 A 转移所有权的地位(权利)。这样就区别开了 B 对 A 的权利和 A 对 α 的权利。前者是对人的权利(债权),后者是对物的权利(物权)。

这种区别属于民法的基本知识,对刚刚开始学习民法的人来讲是比较难以区别的。这是从——A 对 α 的支配权和通过 A、B 之间的契约而导致支配权的转移——这种思考模式中产生的区别。通过引入这种区别,把人对物的支配理解为权利,这种权利(权利1—物权)通过人与人之间的行为所产生的权利(权利2—债权)来转移——这样一个体系就构成了。

* * *

已经说过,上面讲的道理在某种意义上甚至让人感到是理所当然的。但是,在某种意义上应该让人吃惊的思考方式是民法的基本法律技术。这种技术是自罗马法以来就有的,但是,即使在欧洲大陆法制定近代民法典之前,它也并没有得到贯彻。[28] 在这种意义上,可以说这些是通过近代民法典而普遍化的法律技术。

* * *

人与物的两分法和作为这两者媒介的行为——这是确立近代民法典的三个要素。

但是目前,人和物的两分法受到了各种各样的挑战。对已经提到过的胎儿以及对受精卵、人体器官等在法律上的处理,模糊了人和物之间的界限。对人格和人身的保护,凸现了作为客体的"人"的侧面。另一方面,随着著作权等各种知识产权、信托等财产管理技术的重要性的增加,要求我们对"物"的概念本身和"所有"的概念进行再思考。

而且,就法律行为而言,仅仅通过意思表示这种瞬间的、全体的决定而产生或转移权利的图式不妥当的场合,随处可见。围绕信息提供义务、再交涉义务、不当条款及复合契约的讨论之多,正表明了这一点。同时,以意思表示为核心的法律行为理论,也正逐渐成为各种情况下批评的靶子。

即便如此,也不能全面否认"人"、"物"、"行为"乃民法要素这一事实。但是,有必要在考虑近代的各种要求的同时,对这些基本概念加以更新。

二、作为和自然

接下来,我们再来看一下权利与人、物、行为、物权、债权这些基本概念不同的另一特点。

上文已经提到,这是与对作为和自然的处理方式相关的。近代民法典把行为和事实对立起来作为权利(债权)的产生原因。这就是法律行为与不法行为的对立。同时,即使就权利主体的人所形成之家族关系的成立而言,也仍然存在行为和事实的对立。在夫妻关系上

---

[28] 关于法律行为,请参照大村敦志:《公序良俗和契约正义》(1995—1987年);关于物权和债权的区别,请参照好美清光:"Jus ad rem 及其发展的消亡",《一桥大学法学研究》第3期(1961年)。

重视双方合意,在亲子关系上重视事实,这些即是明证。

但是,作为和自然之间的关系方式,并非如此简单。在欧洲大陆和日本,在看法上并非没有分歧。因此,在第二部分对该两分法进行更加详细的探讨。

(一) 债 权

首先,从债权产生的原因开始。

1. 法律行为

日本民法典把"契约"、"无因管理"、"不当得利"、"不法行为"作为债权产生的原因(第三编债权/第二章至第五章),现在比较重要的是其中的"契约"和"不法行为";实际上,也正是这两个方面形成了债权产生的两大原因。但是,过去有人认为,契约才是(债的)主要产生原因,不法行为及其他则只是从属性的产生原因,并不是很重要。例如,在民法典的起草者之一梅谦次郎的教科书中,关于第709条(关于不法行为的中心规定)只写了一至两页。这大概反映出,在产业革命以前的社会里,"不法行为"并不具有重要的意义。换言之,在将民法置于考虑之中的社会里,产生债权的主要是当事者之间的意思行为。顺便讲一下,契约的重要程度还是不如所有权。比起权利变动来说,权利的归属更重要——可以说民法典的社会形象是静态的。

无因管理与不当得利 所谓无因管理,就是未经请求(不是根据契约)而管理他人的事务(民法第697条);所谓不当得利,是指没有法律上的原因而得到他人财产或从他人行为中受益(民法第703条)。进行无因管理的人对接受无因管理的人有一定的权利,因为不当得利而遭受损失的人对利益获得者在一定要件的基础上有返还请求权。在这种意义上,这两者是债权的产生原因。

总而言之,债权是通过当事者的意思发生的,这已经被当成了原则。确实,当事者之间如果缔结契约的话,因此就产生了权利、义务,这也是古今中外都能看到的普遍观点,并不值得奇怪。但是,在近代民法典中,立法者把意思作为要素对契约进行体系上的把握。当然,法国民法典和德国民法典在严密性上是有差别的。即便如此,建立在意思主义基础上的契约理论(法律行为理论)是近代民法典的一大特点。特别能表现这一特点的是,以效果意思为出发点的意思表示理论的思考方法(考虑抽象的决定—决断,将达成决定—决断之前的经过作为"动机"排除在外)。在这里可以看到,如果存在确切的意思,便能根据它来确定全部的思考方式。

但是,意思并不是那样牢固的东西。即使是经过仔细考虑而巧妙形成的法律行为理论,实际上也残留着不能还原为意思的事实性要素。例如,自古以来就有与意思表示一同被作为法律行为成立要件的原因(cause)、目的(object)等概念。法律行为仅仅通过意思表示就能使意思的所有内容全部发生效力。如果这样考虑的话,意思表示就是全部,没有必要把其他的因素作为成立要件了。但是,法国民法典却保留着"原因"和"目的"等概念。与德国民法典一样抛弃了"原因"概念的日本民法典,在法典中也保留着"目的"概念。具体而言,《民法》第90条中就残留着"目的"一词。

现在,这种情况有些难以理解,所以我想再赘言几句。法律行为并不只是依意思表示而成立的,而是以某种"原因"作为理由、以某个具体的"目的"作为对象而成立的。例如,买卖契约中卖主所承担的义务内容,并不只是按照约定的那样去做,而是要受到约定的对象——物的制约。"目的不能"法理就表明了这一点。当契约的标的本来就不存在时,因为目的不能所以契约无效。同时,买主承担支付价款这一义务,并不只是因为对支付作出了约定,而是为了得到对方手里的物。因为对方交付物是(产生)债务的原因。

日本民法从法典中去掉了"原因"的概念,最近,在学说上,"目的"这一概念也变得淡薄起来。从世界范围来看,一般也承认这样一种动向——将意思主义彻底化的方向。在日本,这样的倾向尤其明显。例如,在1960年代关于瑕疵担保的争论中,"即使自始不能契约依然成立"这种观点(不承认"目的不能"这一观念)很容易就变得有说服力,我认为正好说明了这一点。因为意思是很容易脱离开物的。在日本为什么会变成这样呢?这是需要慎重考虑的问题。也许因为"约定就是约定"这样抽象(不受事物的存在之支配)的观念依然存在。

瑕疵担保责任 所谓瑕疵担保责任,是指在契约标的物存在瑕疵(缺陷)的情况下,卖主(在买卖的情况下,民法第570条)或定作人(在承揽的情况下,民法第634条)等承担的责任。关于卖主的瑕疵担保责任,过去认为,此乃法律所特别规定之责任(法定责任说)的观点是很有力的,但现在认为,它不过是依照契约卖主所应当承担之责任(契约责任说)的观点的勃兴。前一观点所成立的前提是,就特定物的买卖而言,即使有瑕疵,只有把该(有瑕疵)物交付就足够了(因此,认为承担瑕疵担保责任是法定的),后一观点所持的立场是,"即使是特定物,既然约定了要交付没有瑕疵的物,那么这个约定就是有效的"(因此,约定了交付什么是问题之所在)。

2. 不法行为

回过头来看,被认为是例外债务的产生原因的不法行为,对当今社会而言有着重大意义。在战后公开发布的与日本《民法》有关的判例中,每5件中就有1件是与第709条有关的,这直接表明了不法行为的重要性。随着社会复杂性的增加,危险性也随之增强,受到他人侵害的情形也逐渐增多。这样,不法行为就与契约并列成为债务产生的两大原因。现在,有人认为债务的产生原因是法律行为(acte juridique)和法律事实(fait juridique)。

顺便讲一下,这里所说的事实,并不是受到侵害的事实本身("事故",例如受伤),而是成为受到侵害原因的人的"所为"。但是,将之不作为意思、而作为事实来进行把握,是因为"所为"自身就能产生具有一定内容的债权(损害赔偿债权)。

然而,在这里应该注意的是,虽然说是不法行为,但是,在某种意义上要求与行为者的意思之间有一定关联(第709条要求存在故意、过失)。将意思作为原因,并非能够产生想要达到的效果,但是,将所为评价为不法行为并使之承担债务,意思的参与仍然是必要的。但是,与法律行为中的意思相比,这种意思是在不同层面上来进行把握的。积极地追求某种效果的意思(意图控制世界的意思)与成为某种事实之原因的意思(参与世界的意思)是不一样的。

但是,在日本法中,这个地方也是模糊的。应该作为法律行为来论述的事项,就被简单地转换成了不法行为问题。[29] 根据其不法行为来追究进行欺诈交易的经营者的责任,判例的态度就明确地表明了这一点(最高裁昭和61年5月29日,《判例时报》第1196期第102页;最高裁平成8年10月28日,《金法》第1496期第49页)。行为层面上的意思被解读成了事实层面上的意思。为什么会这样,也还是个疑问。把意思还原成事实的力量从何而来,这一点我们还不得而知。上面提到过的"约定就是约定",可以从日本民法里所存在的、从表面看来存在矛盾的"约定也要遵从事实"的思考模式着眼来进行考虑。

(二) 家 族

作为与自然,意思和事实,这种对比在家族关系的形成中也成为重要的结构。

1. 夫 妻

首先来看一下夫妻关系。在欧洲法上,婚姻被认为是一种契约。看起来婚姻好像与一般契约有着不同之处,但是毫无疑问已经承认其中存在契约的要素。男女只是生活在一起(虽然也许有某种意思在里面)并不是夫妻,只有明确表示了"是夫妻"这种意思的人才是夫妻。例如,法国民法使用了"结婚"(缔结婚姻契约)(contracter marriage)这种表达方式。

因此,婚姻之外男女的共同生活长期以来被蔑称为"野合"。确立"给予同居以与婚姻相同的效果,这是理所当然的"这种观点并不容易。法国在1960年代以后广泛使用的"自由结合"(union libre)可以说是为了克服"同居"(concubinage)所具有之否定含义的一种表达方式。

但是,在日本法上,由于"婚姻是根据当事者的意思所形成的"这种观念很淡薄,结果就简单地承认了对"内缘"的保护。同时,甚至

---

[29] 关于这个问题,致力于从理论来处理的文章,请参照奥田昌道编:《交易中的违法行为及其法律处理》(《法律时报》合订本,1996年)。同时,也可参考此后的《特集——交易关系中不法行为法的作用》,《法学家》第1154期(1999年)。

出现了准婚姻理论。在日本法上，由于从法典上看好像将夫妻问题与亲子问题区分开来了，因此，婚姻很难被认为是为了养育下一代而缔结的长期契约。嫡生子通过嫡出推定在成立亲子关系方面受到了很大的保护。根据共同亲权，在效果方面嫡生子也受到保护，但是很少有人意识到这是婚姻的效果。

准婚姻理论　在日本，婚姻之外的男女之间持续的共同生活关系被称为"内缘"而受到保护。最初，内缘是被作为"婚姻预约"来看待的，后来，终于被作为相当于婚姻的现象而受到了积极保护。这样的学说称为准婚姻理论。

2. 亲　子

但是，就亲子关系而言，欧洲民法典也重视事实。众所周知，法律上承认婚姻之外的亲子关系。同时，对于在婚姻中怀孕所生的嫡生子，也承认嫡出否认之诉。这种观念——成为亲子关系之基础的乃是生物学上的血缘关系——在这里得以承认。

但是，强制承认婚姻之外出生的非嫡生子，还是比较晚近的事。法国民法典本来就有"不允许寻找父亲"这一有名的规定。认知（承认嫡出）只能根据父亲的意思才可以进行。而且，嫡出否认之诉的范围正逐渐扩大（法国在1970年、1993年修改了法律）。即便如此，与对诉权完全没有限制的日本法相比，（法国民法）还是有很大限制的。[30]

但是，日本法并未彻底地贯彻血缘主义，而是简单地承认了拟制的、契约式的亲子关系，即养子关系。与此相对，在欧洲广泛地认可养子还是比较晚近的事。如何认识这一点，也是一个问题。

＊　＊　＊

如上所述，作为与自然的区别并非那么单纯，而且，欧洲与日本之间也有若干差异。但是，这的确是贯穿民法典的基本思考模式之一。

嫡出推定——否认与承认　对婚姻中的男女，推定丈夫是妻子所怀

---

[30] 参考水野纪子："对亲生关系和血缘主义的考察"，载星野古稀：《日本民法学的形成和课题》（下）（1996年）。

胎之子的父亲(民法第772条)。这就是嫡出推定。因此,不需要积极地证明父子关系的存在。要想推翻这一点,有必要进行诉讼(民法第774条,第775条)。这种诉讼被称为嫡出否认之诉。与此相对,对于非婚生子女,为了确定父子关系,有必要进行承认。承认根据成为父亲之人的意思表示进行(民法第779条),子女也可以通过诉讼要求被承认(民法第787条)。

参考文献

川岛武宜:《民法Ⅰ》(1960年)

第二节 民法的思想

民法已经发展成为具有高度技术性的法。但是,在前面一节已经讲过,因为民法是以权利的体系来构建的,因而必然会带上个人主义和自由主义的色彩。因此,民法是与自由、平等这些近代社会哲学的基本价值整合在一起的。

虽然如此,例如,如果再回顾一下最初的近代民法即法国民法的历史,除去革命时期,我们就会明白,最初人们未必强调自由、平等是法国民法典的基本价值。毋宁说是以民法典百周年(1904年)等为契机,在将其作为与法国大革命相关的国民财产、再次确认民法典意义的过程中,共和国的理念与民法典的关系才得到强调。换句话讲,应该是到第三共和国时期,民法中的基本价值才被再次发现。

在某种意义上,日本也与法国的情况类似。日本民法典比日本宪法要早,以战后新宪法的制定为契机,我们又对民法进行了渗透宪法精神的修改。在实体法上,民法第1条第2款正是这一体现。因为它把个人的尊严和两性实质平等作为解释原理来加以采用。但是,与进行了全面修改的家族法部分不同,在财产法中几乎没有将自由、平等等作为基本原理进行解释的部分。在战争结束50年后的今天,山本敬三、星野英一等重新强调了基本价值的存在(第四章第三节1

[2])。

沿着这样的脉络,我准备根据建立在该基础上的民法典的基本思想(价值观)来阐述其特征。在这里,正如已经提及的那样,一方面应当明确的是,阐述自由、平等等是有必要的(一)。它们是宪法之基本价值的同时(宪法第13条,第14条),也是民法中的基本原理(民法第1条第2款)。但是,另一方面,也有必要论及与自由、平等略有差异的连带原理(二)。在宪法上,以社会权的存在为基础的福利国家思想表明了这一方向,民法中的诚实信用原则、禁止权利滥用原则等,似乎也表明了与自由、平等的不同方向(民法第1条)。

一、自由和平等[31]

首先,对自由和平等这些基本价值的表现方式,分为交易领域(一)和家族领域(二)两方面来考察。

(一) 交易领域

1. 权利—自由(自己决定)

在上文已经讲过,可以通过契约对自己所拥有的所有权进行自由处分,换言之,以所有权绝对为基础的契约自由是构成民法之基础的观点。更抽象一些讲,那就是设定权利并承认其自由行使。如果用现在流行的话来讲,可是说民法的核心是"自己决定"这一价值观。

但是,这样个人主义—自由主义的支配是属于意识形态的问题,从实体法的规定来看,例如,对契约自由的限制在每个时代都是存在的,如果说没有实现过完全的自由也不过分。1960—1970年代是特别强调自由主义的时代,毋宁说这在历史上也是比较例外的。

但是,就日本民法典而言,至少从前三编的财产法部分来看,可以说法典自身就是由超越寻常的自由主义所构成的。例如,限制契约自由的公序良俗被认为是极其例外的(《民法》第90条),不允许法官介入违约金条款(《民法》第420条),责任限制条款也仅仅是例外的规定(《民法》第572条)。但是,这里的"自由主义"不是作为思想的

---

[31] 朱利叶·多·拉·莫兰蒂埃卢:《现代法国民事法的精神》,同时可以参照他的《现代法的诸问题》(1938年)。

自由主义,而是所谓作为政策的"自由主义"。明治时期的日本为了追赶各列强的发展步伐,否定契约之效力的制度即损害交易安全的制度当然就成了(这一目标的)绊脚石。

这样,由于自由未被作为原理或价值来把握,因此,在产生政策上之必要的时候,转变是比较容易的。换言之,进入1920年代,由于社会政策的要求,法"社会化"得以推进,限制自由的观点相继出现,在民法上也确立了这种观点。公序良俗的原则化(帝王条款化)、诚实信用原则以及权利滥用法理的确立等等即是例证。

在民法上强调(再次发现)建立在个人价值之上的自由,还是战后的事。从比较早的时期就开始主张这种观点的是受德国私权自治理论影响的学者们,这种立论有着浓厚的学说继受的色彩。开始广泛承认"自己决定",实际上还是最近的事。

而且,不能忽视的是,在"自我决定"呼声甚高的背后,存在着与政策上之考虑的互动。为了实现近代化,明治时期的日本有必要实行契约自由,现在的日本,也不能否定基于政策上之必要而强调尊重自己决定这一方面。毋宁说,有必要暂且脱离目前的要求,好好思考一下究竟什么是"自由","自己决定"又是什么意思。

2. 人格—平等(自己责任)

作为权利主体的"人"的出现,产生了法律人格平等的观念。但是,这种平等本来就只是形式上的平等。如果实质上的平等没有得到保障却主张形式上的平等,结果就会造成弱肉强食的局面。如果对等的个人所缔结的契约在原则上是有效的话,含有难以说是公正之内容的劳动契约和佃权契约,也很难认为其无效。而且,很容易形成"法人和自然人既然同样是'人',那么也要平等对待之"这样的观点。限制法人的权利能力是不对的,这样的论调也与此相关。

在日本民法中,至少在某个时期,或者在某个领域,这样的观点很普遍。但是,正如已经提到过的那样,在1960—1970年代,情况略有变化。在该时期,这种倾向表现得很明显,即要求结果上的平等,救济处于最不利的地位上的弱者。这或许应该被作为迈向如下所述之连带的运动之一。

但是,在这里也产生了逆流。人们开始多次提到与上面所述之"自己决定"表里一体的"自己责任"。在这里,一般认为,为了竞争,必须具备的一定条件,以此为前提,个人应当在自己责任之下行事。当然,应该再次研究对国家的过度依赖,但是,如果回到形式上的平等的话,那么很明显的是,仅凭此是解决不了问题的。

结果,自由也好,平等也罢,其内容并不能先验地被决定。应该以怎样的自由、平等为原理,换言之,如何划定自己决定、自己责任的范畴,这是我们应该决定的问题。但是,也不能没有任何限制地作出这一决定。必须把尊重个人这一原理作为上位决定。因此,尽管现在自己决定论、自己责任论很盛行,但是,正是由于这种观点已经极尽盛行,所以不得不反思一下"这与尊重个人有关系吗"?例如,考虑到与性行为和身体有关的"自己决定"的范围,难道没有这样追问的必要吗?(考虑一下卖淫、人工堕胎、借腹生子、买卖器官等[32])

法律人格和权利能力 所谓法律人格,是指是否具有权利主体的资格。虽然我们将之与权利能力作为同义词来使用,但是,法律人格是着眼于"是否具有"的用语,而权利能力则是与作为具有权利行使之资格的行为能力相对比的概念(民法第Ⅰ编第二章第二节),在论及其范围时使用得比较多。二者有这样微妙的差别。

(二) 家族领域

1. 家族的世俗化/法化

民法典在交易领域中采用了"个人"这一概念,但在家族领域中并没有带来相同的效果。在欧洲,可以说近代民法实现了家族的世俗化。换言之,从教会那里夺取了与家族相关的权限而根据国家的法律来规制家族,此乃民法的意义之所在。例如,在法国,现在并不是在教堂里而是在市政府大厅里,由市长(实际上由别人代为执行)宣读完毕民法典的相关条文后宣布结婚,这大概能够充分表明家族法的世俗化吧。

---

[32] 关于借腹生子等人工生殖,参照大村敦志:《法源、解释、民法学》(1995年),该书介绍了法国在这个问题上观点的多面性。

但是在日本,情况则略有不同。因为在法典编纂之前就不存在宗教势力控制家族的现象。当然,在日本存在檀家制度,但是,寺庙并不是将民事身份作为总体来进行把握的。毋宁说,在明治以前,在一定的限度内(为了征税),国家控制着个人。但是,正如已经提到的那样,对于武士阶层之外的国民的婚姻关系,国家法律是不关心的,而是将之委诸于众多的习惯、习俗来调整。这样,日本民法典就具有了将家族关系在法律上予以明确的意义了。

2. 作为团体的家族

我们可以说,通过切断与宗教乃至习俗的联系,家族关系与国家法的关系得以重新构建。但是,与交易领域的情况相同,对于家族领域而言,个人自由和平等即使被扭曲了,也并不意味着已经实现了。

众所周知,1804年制定的法国民法典中所设想的家族,是由夫和父所支配的一种团体。即夫或父(chef de famille)作为家长,行使对妻子的夫权(pouvoir marital)和对孩子的父权(puissance paternelle)。废止这些规定、基本实现夫妇同权与父母同权,还得等到战后的家族法改革。

与法国的情况相比较,日本战前的"家"制度,并不是特别奇妙的制度。舍去作为意识形态的侧面,如果暂且着眼于家长和家族成员之间的关系乃是由权利义务所构成的这一点的话,在某种意义上可以说,这是构建近代家族关系的尝试。

这样,在欧洲也好,在日本也罢,民法典的家族法产生出由家长和家庭成员所构成的"家族"。在这样的家族内部,没有实现个人的自由、平等,家长与家庭成员之间的关系开始以权利义务的形式表现出来。同时,在与家族的外部关系上,家长作为家庭财产的专门管理者来行事,这已成为可能。这样,家族开始与交易世界接轨。

二、自由、平等和连带

应当作为近代民法原理被指出的,不只是自由与平等。法国大革命时期的标语是"博爱"(fraternite,即同为兄弟,同为人类),有必要再加上现在使用更多的"连带"(solidarite,对全体负有责任,与他人相关)。

连带原理到底是不是民法的原理,还是存在争议的。本来,作为革命原理的博爱是否能与自由、平等并列成为第三个原理,就是不无疑问的。但是,不能否认"连带"理念在近代社会中是各种尝试的支柱。

同时,如何定位"连带"原理也是个问题。它是与自由、平等相对立的呢(至少具有一定的紧张关系),还是在实质上是保障自由、平等的?说到这里,有必要首先明确,在民法上,连带原理是如何出现的,然后再具体个别地研究其与自由、平等的关系。在下面,我将连带与财产的关系(1)和连带与人的关系(2)区分开来,以展示这种尝试的一个部分。

(一)财产关系

1. 从契约到制度、组织

首先来考虑一下契约。从比较法来看,在实体法层面上贯彻契约自由原则的时期是比较例外的,这在前面已经提到过。早期的近代民法典(特别是法国民法典),自中世纪以来就保留着担保契约内容公正的法律制度。在前面一节介绍过的原因(cause)法理——讨论自己的所为给付与对方的所为给付之间的牵连关系的法理——也是这种制度的一个方面,即使过剩损害(lesion)法理——讨论给付之间的平衡问题——亦是如此。

原因法理与过剩损害法理都在19世纪之后逐渐消失了。到19世纪末,以新的形式限制契约自由的法理出现了。例如,就劳动契约而言,在任何国家都有规制该契约内容的法律。佃权契约或不动产租赁契约也有同样的倾向。同时,对运输契约、保险契约等重要的新型契约,也能看到规制其中条款内容之法理的发展(附合契约论)。[33]关于普通契约,特别是在其履行阶段,形成了有协助对方义务的观念

---

[33] 杉山直治郎:《关于附合契约的观点》和《法源和解释》(1957年,1924年)。还请参照广濑久和:《附合契约和普通契约约款——欧洲各国规制立法的动向》,岩波讲座基本法学(4)(1983年)。

（诚实信用原则）。[34]

以这样的变化为背景，在契约理论中，出现了认为"受到法律规制的契约不是契约，而是制度"的观点。例如，劳动者加入企业这种制度之中的劳动契约就是这种情况（企业制度论）。[35] 上面提到过的附合契约论在某种意义上也是将交易作为一种制度来进行把握的。

最近，几乎与此相反的是，出现了将企业这样的组织体作为契约的延长线来把握的见解。这一方面提供了从契约上把握组织这种视角（作为"契约束"的组织），同时，又可以说揭示了在契约的延长线上存在组织（组织型的契约）。如果是这样的话，那么就可以认为，契约并不只是规制暂时的、竞争的法律关系。[36]

换言之，如果将契约连续地考虑为制度、组织的话，就能关注到连续和协助的方面。这样，在各当事人之间考虑自由、平等的同时，又要求考虑当事者形成制度、组织的共同目的，从而在契约上出现了连带的契机。

> 给付　所谓给付，乃是在着眼于债务人的行为及其内容的同时，表明债务之履行的用语。与此相对，"清偿"（民法第474条以下）则是着眼于债权的实现并因此使债务消灭的用语。

2. 从所有到公共

接下来看一下所有权。在这里，实际上是这个问题，即作为近代民法原则的所有权绝对原则现实上在多大程度上得到了贯彻。将这个问题暂且放在一边，首先考虑一下近代民法确立了所有权绝对原

---

[34] 参照鸠山秀夫：《债权法中的诚实信用原则》和《债权法中的信用诚实原则》（1955年，1924年）。同时请参照内田贵："近代契约法的新发展和一般条款"，NBL第514期—第517期（1993年）。

[35] 参照山口俊夫："法国'企业（ertreprise）'概念的历史沿革"，载铃木禄弥古稀：《近代商法学的课题（下）》（1975年）。大村敦志：《法国的契约和制度》和《从契约法到消费法》（1999年，1998年）。

[36] 研究的基础有些不同，但是可以参照内田贵：《信息化时代连续交易》，平井宜雄：《关于连续契约的考察》（前面这两篇文章都收入星野英一古稀：《日本民法学的形成和课题》（下）（1996年）。中田裕康在《连续买卖的解除》（1994年）中对具体问题作了研究。

则这一事实。

但是,即便这样,所有权仍然与几个制约因素相关。其一是相邻关系法带来的限制(《民法》第209条以下),另一个是法令带来的限制(参照《民法》第206条)。前者是微观的权利调整,而后者则可以说是宏观的权利调整。如果再考虑一下《区分所有法》所带来的限制的话,我们就可以发现,在这部法律里面存在(微观、宏观)两种因素。

顺便提一下,对这些规制的实态进行观察就能够发现日本所有权规制的特点来。例如,经常有人提到的问题是,在个人主义的法国,城市面貌和景观都得到了很好的维护,可是在集团主义的日本,为什么却存在着无秩序的乱开发呢?在日本,为了实现国家目的(富国强兵),法令的限制当然是不能取消的,除此之外几乎不存在有目的的对所有权的规制。相反,在法国,为了达成地区、市民的共同目标,在进行所有权规制的同时,也提倡尊重所有权。

一言以蔽之,在日、法两国之间,所有权的"公共"观念是不同的。换言之,日本除了国家没有"公共",只要国家不进行超越性的限制,那就是所有权绝对。因此,"公共"不是被作为制约个人的自由、平等的东西来理解的。与此相对,在法国,所有权是个人自由的保障,同时,复数的所有权同时也创造出了一个"公共"。在这里又可以发现"连带"的契机。

对所有权绝对的限制 根据相邻关系法进行限制的例子,例如,在相邻界限附近建造建筑物的限制(《民法》第234条)等。根据法令进行限制的例子有土地征收(《土地征收法》)、限制用途(《都市计划法》)等。

(二) 人与人之间的关系

1. 家族的变化

战后的家族法改革提出了作为近代家族模型的核家族。在这里,谋求夫妻的平等,在父子(母子)关系上也没有了权力色彩。但是最近,认为即使是这样的家族也对女性有压制作用的呼声甚高,有提案要求,在更强调个人自律的方向上进行法律修改。[37] 夫妻异姓是第一步。同时,在此之前,有可能出现不要求同居义务的夫妻,以及不必互尽忠实义务的夫妻。夫妻之间存在的纽带正在逐渐变弱。

那么,家族是否在走向灭亡呢?如果借用我妻荣的表述的话,可以说,要预测家族的将来简直是白日做梦。即便如此,发现与家族的再生相关的现象也不是不可能的。首先第一个应该指出的是,即使在今天,不管是根据法律正式结婚的还是没有正式结婚的,离婚后的男女都会再找个伴儿共同生活。选择不依靠任何人、完全一个人生活的人毕竟是少数。第二,现在,复合式家族正在增加。有的孩子,平时和母亲和继父一起生活,周末就去和与母亲离婚的生父一起生活。有的父亲,平时和妻子一起生活,周末和前一次婚姻生的孩子一同生活。这样的生活方式并不少见。即使是作为更缓和的形式,以男女夫妻为中心共同生活的生活方式仍然是居于支配地位的。

如果是这样的话,我们就会发现,与其说家族之间的纽带正在消失,倒不如说这种纽带暂且有所缓和,而且正在以不同的方式重新进行组合。

2. 结社的再生

同样的考察或许也适合家族以外的营利团体。众所周知,在最近的 NPO* 法制定之前,日本法对非营利团体持冷淡态度。同时,以町内会为代表的、现实中存在的各个团体中很大一部分发挥着行政补充的作用。也就是说,认为日本民法支持自主结社活动的意识很淡薄。

但是,随着城市化进程的推进,过去存在着的牢固血缘、地缘关系正在逐渐消失,今天,希望行政服务满足(市民)所有要求是不切实际的。由中间团体以各种方式开展支持市民日常生活的活动,这种必要性正在逐渐增加。当然必须考虑运用市场来提供必需的服务。由

---

[37] 大村敦志:《民法典后两编(亲属编、继承编)的修改》和《消费者、家族和法》(1999年,1998年)、《家族法》(1999年)序。在上面这些文章里,对家族法的历史和现状进行了概括描述。

* NPO 是指非营利团体(Non-Profit Organization)。——译者注

于存在着与市场并行的非营利部门,因此通过市民的能动活动(实际上是限定性的参加)来进行运作的意义不可小视。

总而言之,今天,我们在寻找与迄今为止的家族和地域不同的纽带。例如,在民法的工会法理中,包含着在维持个人自由的同时开展具有共同目的之活动所必需的基本法律技术。与法人法理、区分所有法理一道,这些都是有待今后进一步研究的领域。

参考文献

樋口阳一:
《近代国民国家的宪法构造》(1996年),第四章:"'公共'的可能性和难点"
《近代宪法学的论理和价值》(1996年),第三章:"战后宪法学的'个人'和'社会'"

第三章
民法的担纲者

在前两章中,我对民法的历史(第一章)和内容(第二章)进行了极为概括的说明。这些都是与民法本身相关的话题。在本章中,我想讨论一下民法的担纲者。具体而言,我将分别对法律家的民法(第一节)和市民的民法(第二节)进行若干考察。

第一节 法律家的技艺

一、序

法律家(这里指实务法律家,特别是法官)对自己所担当的"案件",运用民法来予以解决。对他们而言,首先民法是用来处理"案件"的(在广义上讲,是"道具")。当然,法律家并非将民法作为简单的道具来运用。对于案件或者该案件所涉及的法律规范,多数都会有一定的价值判断。但是,这样的价值判断并不是直接被揭示出来的,而是在运用民法的过程中间接地表现出来的。在这种意义上,我们可以说,如果能够将民法(众多的法律规范)——并不是只是认为这是法律,而是以一定的态度认可这些规范——作为道具自由地运用的话,那么就可以说"成为法律家"。

68　　那么，将民法作为道具来运用是怎样一回事呢？简言之，就是对案件适用民法，或者也可以说是通过解释民法来解决案件。换言之，能够很好地解释适用民法就是能够运用民法。因此，在本节中，我想从法律家的行为出发来考察民法的解释适用。

同时，由于"解释适用"是一个模糊的用语，因此我想暂且作如下整理。法律解释和法律适用这样的用语，多指法律三段论的全部："如果P，就Q"，"p是P"，"所以p是Q"（例如，"损坏他人财物必须赔偿"，"太郎损坏了他人财物"，"所以太郎必须赔偿"）。从更狭义的意义上讲，确定作为大前提的法律命题的含义被称作法律解释，对作为小前提的事实进行规范的选择是法律的适用。这里采用后者的用语，暂且分为民法的解释（二）和民法的适用（三）。

$$
\begin{array}{ll}
\text{法律规范}(R) = \boxed{P \longrightarrow Q} & \text{如果}\,P,\text{就}\,Q \\
\qquad\qquad\qquad\quad \uparrow & \qquad p\,\text{是}\,P \\
\text{事\quad 实}(F) = \quad p & \overline{\qquad\therefore p\,\text{是}\,Q\qquad}
\end{array}
$$

二、民法的解释

（一）法律解释种种[38]

"民法的解释"通常是民法总则教科书的开头提到的一个题目。
69　　但是，教科书在性质上容易流于平铺直叙，很难清楚问题之所在。同时，众所周知的是，以民法学者为中心，在战后曾经展开了大规模的围绕法律解释方法论的论争。但是，那时争论的观点很不统一，要想把握其整体概况是比较困难的。因此，我想首先在必要的限度内简单地整理一下问题点。为此，我认为将解释的对象和技法区分开来比较好。

1. 解释对象

所谓解释，是指把表面看起来不明确的某种事项的意义予以明确

---

[38] 以下，参照大村敦志：《法源、解释、民法学》（1995年，1994年），第三部分补论E：从文本来看法国法的研究。

化。因此,首当其冲的问题是"某种事项"是什么,解释的对象是什么。有人认为民法解释中的"某种事项"肯定是指民法上的东西,实际上并非如此。在论及什么是民法时,存在多种可能性。

第一,解释的对象是否限于民法典中的"事项"(文本)。文理解释、论理解释、体系解释等解释方法,似乎是由认为不需要文本之外的要素这种想法所主导的。与此相对,在立法者意图说或者法律意图说(两者都是一种目的论的解释)中,都要斟酌法律文本以外的要素:表明立法者意图的资料(草案)和表明当今社会情况的资料(上下文)。

第二,除了文本之外,是否考虑文本之外的因素暂且不论,在什么范围内来把握作为解释之中心的文本,这也是一个问题。在这里,仅将成为问题的文本作为对象进行解释的方法(文理解释)与将更广范围内的相关文本都作为解释对象的方法(论理解释、体系解释)是对立的。细致来看的话,基于这样的视角对立法者意图说和法律意图说进行分类也是妥当的。

	个别文本	关联文本
文本	文理解释	论理解释、体系解释
文本+α	目的论的解释(立法者意图、法律意图)	

如上所示,解释的对象根据如何在所谓的纵、横两个方向上把握其范围而发生变动。换言之,各种解释方法能够还原成应该考虑的对象的范围问题。一般而言,能够把更多的事物整合地进行说明的解释,被作为是有说服力的解释而得到承认,但是(解释)对象的范围越大,进行整合性说明就越困难。特别是对于必须在有限的时间和精力内决定解释的法律家(实务法律家)而言,要考虑到文本以外的事情是困难的。但是,推翻现存的解释论,引用文本之外的因素进而达到效果的例子也不在少数。

2. 解释方法

应当与上面有所区别的是解释方法问题。这里所谓的方法,是指为了确保文本无矛盾性的技术。具体而言,扩张解释、缩小解释等均在此列。下面再详细说明。

第一,对出现问题的情况,例如有两个规范都可能适用,为了不使这二者对立、有必要选择一个规范的情况下(矛盾的情况),对于不应该适用的规范就可以进行缩小解释(图A—α)。这样,这两个规范的适用领域就得以调整了。

第二,对出现问题的情况,没有可以直接适用的规范(欠缺的情况),就可以挑选出可能适用的规范,谋求该规范适用领域的扩张。为此,在方法上有在文言上的扩张解释与在立法目的上的类推两种(图A')。同时,在本来系希望能够适用的规范,结果判断应该不扩张时,就采用了反对解释(图非A)。

如上,在单个文本(条文)之间产生积极抵触和消极抵触的情况下,如果不采用解释的方法对这些条文进行调整的话,那么作为整体的文本(法律)就不具有整合性。这里的目的自始至终都是为了维持更大的整合性,所以不存在在个别情况下采用哪种方法的明确标准。当然,从每个条文的性质来说,各种操作的难易程度上应该存在差别,但这并不重要。如果这样考虑的话,那么在某种情况下主张扩张,在其他情况下又主张缩小就不是违背道理的。同时,有时脱离文理的解释也具有说服力,这也是能够理解的吧。

矛盾的情况　　　　　欠缺的情况

A-α　　　　　　　A'(或者非A)

(二) 法律解释的作用

接下来,离开以上学理上的说明,对各种民法解释所具有的社会作用进行考察。究竟法律家运用各种解释方法来做什么呢?

1. 确认规范

首先,第一,我准备讲一下不能轻视法律解释所具有之确认标准的解释功能。

例如,民法第787条认可非婚生子提起承认请求之诉。暂且不讨论在审判中需要证明什么这样细致的问题(实际这样的问题很重要),这一规定的意义就很明显。但是,即便如此,确认承认请求权作为权利在任何时候都能行使(最高裁昭和37年4月10日,民集第16卷第4期第693页),这一点意义就非同小可。事实上,未婚妈妈和孩子对其父亲提起承认之诉,肯定存在各种各样的困难。但是,一旦作为民事事件对簿公堂的话,那么就肯定适用第787条。

同样,例如,对《限制利息法》也同样适用。约定支付法定之外的利息,从以个人为对象的无担保金融机构那里或者高利贷那里借钱,随后被收取高额利息。此时如果诉诸法院,借款人至少可以不接受要求支付超过法定利息的请求。众所周知,现在判例已经认可要求返还已经支付部分的请求(最裁昭和44年11月25日,民集第23卷第11期,第2137页)。

这样,确认普通的"解释",在现实中,对当事人也好、对社会也好,都有着很大的意义。

2. 创造规范

第二,创造规范所具有的重要意义应该是比较容易理解的。在这里,我想提请大家注意的是,以创造规范为前提,发现规范的欠缺是特别重要的。

例如,不久以前,有人就"欺凌"*而提起要求追究学校民事责任的诉讼。也有认可这种请求的判例(中野富山见中学的欺凌事件,东京地判平成3年3月27日,《判例时报》第1378期第28页;东京高判平成6年5月20日,《判例时报》第1495期第42页)。在此之前,儿童之间的欺凌是否能够作为损害赔偿事件来处理,特别是是否承认学校负有安全注意义务,这些都未必很明确。毋宁说人们本身就没有明确地意识到这个问题。但是,通过在诉讼中提出这个问题就确立了责任规范。同样的情况也适用于"性骚扰"(福冈性骚扰诉讼,福冈地判平成4年4月16日,《判例时报》第1426期第49页)。

但是,这样的设想并不总是成功的。所谓的"邻人诉讼"(津地判昭和58年2月25日,《判例时报》第1083期第125页)可以说就是由于准备对地域社会里出于好意而为的无偿行为确立法律责任规范

---

* 即指学校里欺负、虐待同学的现象。——译者注

而招致社会反对的例子。进行是否欠缺责任规范的判断是很微妙的。

同时,也有必要注意下面这一点,即民事责任法(特别是不法行为法)并不是能带来或 1 或 0 的数字式解决的东西。重要的是根据纠纷认可其应承担何种程度的责任。通过处以极少额的赔偿来肯定其应承担的责任,这种难以想像的情况也不在少数。从结果上看,邻人诉讼判决也可以说是原告(被害方)败诉了。但是,更一般性地讲,诉讼结果如何为人接受则另当别论。

> 邻人诉讼[39] A 外出买东西,把孩子"放在"邻居 B 那里——对"放在"这点的评价就是诉讼的争点之一——但是,孩子掉在邻居家后面的蓄水池里淹死了。A 对 B 提起了损害赔偿之诉。因为这是邻里间的好意行为而发生的,所以引起了传媒的关注,受到舆论的强烈反对。原告和被告都接到恐吓电话、恐吓信等,从而也引起了人权问题。

3. 调整规范

第三,通过调整现存规范之适用范围这种方式,也可以说是进行了消极的规范创造。此乃诚实信用原则、权利滥用法理活跃的场合。

例如,作为著名的例子,我们可以举出战后发达的、关于不动产租赁的破除信赖关系法理。尽管承租方擅自转租,或不交租金,或不按约定使用等,或有债务不履行行为,但是出租方解除权的行使仍受到很大限制(最高裁昭和 28 年 9 月 26 日,民集第 7 卷第 9 期第 979 页等)。如果考虑到肯定解除(合同)就意味着没有住处的战后住房困难这一背景,那么就可以这样认为,即这一解释论虽然包含了社会政策的考虑,但是仍然是值得肯定的。实际上,这一判例法理至少在 19 世纪 60 年代之前一直都受到了学说上的赞扬。

但是,虽然说同样是基于政策考虑,但是在适用权利滥用法理的判例中,也有受到学说强烈反对的情况。板付基地事件就是其中一例(最高裁判例昭和 40 年 3 月 9 日,民集第 19 卷第 2 期第 233 页)。

---

[39] 星野英一编:《邻人诉讼与法的作用》(1984 年)中有详细介绍。

如果仅仅以当事者之间的利益权衡为前提的话,就会受到"形成较大的既成事实(这里是指建成了基地)比较有利"的批评。我认为该批评本身是有说服力的批评。

但是,试想一下,学说上对上面两个系统之判决的评价不一,可以说是很奇妙的。如果没有了住处,就允许其不履行债务,这真是咄咄怪事。相反,如果事实上恢复原状很困难却仍然强迫其恢复原状的话,那么也并非不能说是不合适的。在任何情况下,存在解除权和妨害排除请求权是原则,似乎也可以说必须要慎重地对此加以限制(但是,仅仅有轻度的违反义务是不能解除连续性契约的,即使脱离政策上的考虑也是可以肯定这种观点的。如果是这样的话,那么正确地来讲,必须这样表述,即在运用判例法理时,也存在增加政策上之考虑的时候)。

* * *

如上所述,法律家在各种目的下采用各种各样的解释技术。存在乍看起来好像理所当然的解释却具有很大意义的情况,也存在技术上属于同一层次的解释论却具有不同意义、受到不同评价的情况。决定解释论的好坏(妥当性)的不是解释的方法。在某种意义上这是理所当然的,但是还是先确认一下比较好。

但是,同时有必要做如下的保留,即上面(2)、(3)中那样的案件仅仅适用于既存法律规范难以解决的棘手案件。在占绝对多数更简单的案件中,毋宁说俨然存在着解释确定的法律规范,在这个框架中来进行法律适用。因此,接下来看民法的适用。

信义原则和权利滥用原则　信义原则(诚实信用原则)也好,权利滥用原则也罢,都是战前通过学说引进并通过判例得以承认的学说,现在已经通过明确的法律条文确定下来(民法第1条第2项、第3项)。这两种法理都可以说是在实现权利义务的时候,可以将以前置于考虑之外的各种情况纳入进来加以考虑的学说。在历史上,前者主要以债权债务关系为对象,后者则主要以物权的行使为对象,这样将两者分开。但是,现在两者之间的界限已经变得模糊了。而且,虽然每个法理都是以调整具体个别的法律关系为直接目的,但是正如在本文中提到的那样,它们也有发挥调整既存规范本身的作用。

三、民法的适用

（一）法律适用的各种形态[40]

关于民法适用的方法,民法教科书中讲得很少。但是,众所周知的是,最近以司法研修所为中心的所谓要件事实论得以推进。因此,在对该议论背景中的观点进行研究的同时,我也想触及与之不同的观点。

1. 由上至下型

要件事实论是指为了作出判决,从有必要判断是否存在权利出发,为此有必要判断是否存在满足产生权利之发生、消灭等效果的法律规范要件的事实(要件事实)。在这里,我们已经得以窥见以法律规范为标准来查找事实的立场,这就是要件事实论的特征之所在。要件事实论为了使判断是否存在该要件事实变得标准化、简易化,就要明确各个规定中所应探究的要件事实是什么。当然,通常的解释论中也会有同样的研究,但是要件事实论所要求满足的要件就是能够判断是否存在事实。

例如,就关于买卖契约的民法第555条而言,要件事实论认为,卖主为了要求(买方)支付价款,就有必要主张举证买卖契约的成立,并且这也就足够了。因此,如果能够认定该事实的话,卖主的请求原则上是能够得到支持的。但是,有的契约会附有期限,双务契约会有同时履行的抗辩。因此,如果买主以上面这些事由作为抗辩理由来主张举证的话,卖主的请求就会被驳回。但是,进而……故事就要这样继续下去。

如果回过头来看的话,要件事实论的特点在于重视规范和判断自动化。无论是谁,都能同样有效率地作出判断,这就是要件事实论所期望达到的目标。

---

[40] 以下参照大村敦志:《典型契约和性质决定》(1997年,1995年),第二部分第一章:"典型契约和法官的活动"。

2. 由下至上型

要件事实论看起来在以年轻一代为中心的法律家中已经相当普及。但是,如果以下级法院的判例等为题材来看法律家(法官)的实际判断过程的话,就会发现它们未必总是根据要件事实论来进行判断的。首先详细地认定事实,在此基础上简单地适用法律,这样的例子不在少数。最近,虽然这样的例子变得少了一些,但是在昭和40年代,最高裁也有这样的判决。即使在今天,下级法院也有这样的例子。

例如,我想举出判断错误无效的例子。在围绕永久脱毛机(大阪地判昭和56年9月21日,《判时》第465期第153页)的事件中,法院详细地认定了营业方的宣传内容,同时详细判断了该契约向买主保证了什么,实际上结果又是如何。在此基础上,进行满足错误要件的判断是非常简单的。另一个关于产品责任的案例也是如此(大阪地判平成6年3月26日,《判时》第1493期第29页)。这就是媒体大肆报道的电视失火事件。在该案中,为了认定不是电线而是电视机本身着火,法院对证言和鉴定作了详细的判断。但是对此之前的缺陷(过失)的有无,则只作出了存在缺陷的极为简单的判断。

当然,由于现在这两个案例适用的法律规范(《民法》第95条,第709条)内容很简单,因此,没有多大必要分析法律规范,毋宁说,判断是否存在符合一般条款要件的事实具有决定性的重要意义。因此,一旦形成了事实先行的推论,就能暂时下定论。但是即使这样,也并非没有不需要解释的地方(什么是要素,什么是缺陷)。但是这一点包含在个别具体的事实判断中。

一般条款 所谓一般条款,是指不包含特定规范内容、仅仅表明一般取向的规定。作为民法中典型的一般条款,民法第90条广为人知。该条规定违反公序良俗的法律行为无效,但是没有事先规定什么是公序良俗,而是就每个案件中成为问题的法律行为来判断是否违反公序良俗。我们也可以将"公序良俗"这样的概念叫做可变概念、评价概念等。本文中所讲的"要素错误"、"缺陷(或过失)"在今天也被视作可变概念。在这种意义上,民法第95条和第709条也可以说已经一般条款化了。

(二) 法律适用的作用

如上所述,虽然认为法律适用有两种方法,但是实际上法律家是将两者并用来处理案件的。在这个意义上,两种方式都不过是理念型罢了。但是正因为是理念型,所以各自所发挥的作用也非常明确。

1. 法律规范的渗透

在要件事实论中所看到的由上至下型的法律适用过程中,在推论过程中法律规范当然地起着轴心作用。事实发现以规范为指针来进行,事实评价也要从与规范的适合性出发。在这种思考方法中,法律规范无疑是存在的,世界因此而得以梳理。因此,所谓的法律适用,也无非是实际确认该规范是否妥当的过程。在这里,法律家作为为纠纷当事人所直接面对之事件带来法律规范的人,在进行自我认识的同时发挥着作用。

这样的思考方法有效的原因在于,在这种情况下,至少在法律家中间毫无疑问存在着法律规范。实际上,要件事实论是以技术性的、容易的情况为前提进行展开的。例如,以刚才所举出的买卖契约为例,如果是买卖契约这样的典型契约,那么,就具备什么样的要件才能够成立而言,基本上观点已经固定下来。即只要认定就标的物和价款存在合意即可。但是,如果是非典型契约,就没有这么简单了,因为在非典型契约的情况下,对于什么是使契约成立的本质要素还存在不明确之处。

2. 社会事实的考虑

另一方面,在下级审判中散见的由下至上型的法律适用过程中,事实就是一切的基础。把具体的事实群作为整体进行考虑,如何构成成为法律适用对象的事实呢?在该过程中,法官甚至是在有意识、无意识地进行法律解释。在该事实构成过程中,起决定作用的不是法律规范,而是如何评价事实群的其他规范。这与法律家具备怎样的常识(经验)有关。而且,对在该案件中所遇到的事实群具有怎样的感受性,也并非没有较大的影响。

当然,在法律规范内容明确从而缺乏事实评价之余地的时候,这样的思考方法是难以发挥作用的。但是,实际上事实评价起决定作用的情况超乎意料地多。而且,此时所进行的事实评价并不与法律解释直接相关,而被认为只是法律适用的一个例证。但是,法律家以这种形式对社会开放的意义是非常大的。即使在今天的日本,也不能忘记至少在下级审判中(不小的一部分)该方面所发挥的作用吧。

* * *

回过头来看,现实的法律适用过程是通过从规范出发的判断与从事实出发的判断的反馈(feedback)来曲折展开的。法律家的法律适用一方面受到法律规范的制约,另一方面,通过与事实的接触确定方向、其所展开的是一个试错(try-and-error)的过程。好的法律家不过是能够在规范与事实之间往来自如,并能形成丰富的反馈过程的人。

欧洲的某位法理学家提出了"作为游戏的法"这样的法律形象。游戏确实会有游戏规则。不能无视游戏规则而行动。但是,每个游戏会成为怎样的游戏,与游戏参加者的行动有关。游戏参加者(在过程中)一半受到约束,一半是自由的。不遵守游戏规则的人没有参加游戏的资格,但是遵从规则是否就能玩好却是另外一回事。游戏是否有魅力,虽说与游戏本身有关,但是在很大程度上依赖于参加游戏的人的资质。

将这个比喻更进一步的话,可以说是否能玩得好依赖于如何巧妙地利用既存的规则。例如,在传统的基本概念中巧妙地增加反映时代要求的新内容。于是,好的游戏参加者所进行的概念更新的尝试,乃是通过实体法学者之手来确定方向并定式化的东西。

参考文献

广中俊雄:《民法解释方法十二讲》(1997年)

平井宜雄:《法律学基础论备忘录》(《法学家》合订本,1991年)

第二节 市民的法意识

一、序

在上一节,从法律的解释适用方法的观点出发,对法律家与民法的关系进行了考察,在本节中,我想尝试着研究一下法律家以外的人们(一般市民)与民法的关系。具体而言,我想将焦点放在市民的法意识或者法行动之上。即看一看民法是作为什么样的东西为人接受的,或者作为什么样的东西为人所利用的。

本来,研究市民的法意识、法行动是非常困难的。为此进行的题材收集也不是十分充分,研究方法的开发也不到位。因此,虽然下面是法律学者或法律家的言论、活动,但是由于包括了与市民的法意识、法行动有着紧密联系的东西,所以我也将其作为研究的对象。尽管如此,在题材和方法上存在的障碍依然很多,处理的问题大多是片面性的,并且进行的考察不得不是印象与臆测相交织。

作为研讨的方法,首先沿着市民接受、利用民法的历史,在宏观上大体掌握民法与市民的关系(二)。在此基础上,转向微观,以比较新的事例为题材,想比较具体地看一下,民法是作为什么事物被市民接受、利用的(三)。

二、历史的观察

民法典具有舶来品的性质,回顾(民法)的百年历史(从制定民法典前开始算起的话,那就超过100年了),其中把该舶来品作为我们自己的东西来接受的动向非常活跃的时期有好几次。暂时先分为战前和战后两个时期,来看一下这些高潮时期的概况。

（一）战前的状况

1. 自由民权运动与民法[41]

1880年代的自由民权运动是一种政治运动,同时也是具有法律战略的运动。众所周知,在该运动中提出了许多宪法草案,但被当作问题的并不只是宪法。在该时期,无论政府还是民间,各种各样法律书的译本大量发行,民权派的人们以此为教材学习西洋法学。例如对多摩地区民权运动进行实态调查的色川大吉调查了某民权家参照的书目,其中最多的是保阿索纳德的讲义记录。作为"性法(自然法)"来讲授的法国民法,被作为揭示了社会秩序的根本东西而为人们所参照。

并非只有地方有名望的人们收集书目来学习法律。有志学习法学而来到东京的年轻人也不少。初期的私立法律学校一边进行民权派代言人的代言活动,同时作为对年轻人进行法学教育的场所而接受了这样的年轻人。实际上,该时期诉讼很多,新受理的案件从1875年的32万件到1876年的27万件,再到1877年的17万件,逐年递增。考虑一下当时的人口数,就会明白这是不小的数字。并且,案件数的减少,大概是申请"劝解"急剧增加的结果(1875年1.7万件,1876年17万件,1877年66万件)。总而言之,代言人在诉讼领域和教育领域都很活跃。

这样,当时的法学虽然叫做"自然民权法学",但是随着民权运动的减弱,它也不得不衰败下来。当然,背后对私立学校规制的强化也起了一定作用。但是后来,私立法律学校作为在野法律家的供给源继续发挥着很大的作用(同时也变成了对从地方来的"游学生"进行"素养"法学教育的场所)。

2. 大正民主主义与民法[42]

接下来提到的市民法学,是大正民主主义时代的市民法学。一方

---

[41] 关于该时期的情况,请参考利谷信义:"日本资本主义和法学精英",《思想》第494期、第496期(1965年)。

[42] 关于该时期的情况,请参照伊藤孝夫:"大正时期的知识分子和法学",《法学论丛》第128卷第2期、第3期(1990年)。

面,在作为职业阶层有某种程度影响力、已经在日本社会扎根的律师阶层中,被称为"国民法律家"、"革新的律师群"之类的人们开始出现。例如,早期有花井卓藏,继而有布施辰治等,即使到现在,作为法律家留名青史的人们也不少。而且,继片山哲等人之后,作为政治家活跃的人们,当时是作为刚刚进入律师界的律师来解决社会问题的。他们就劳动问题、佃权问题、租房问题等展开了法律斗争。

这样的动向不能不对学院及官僚等产生影响。1917年进入东大的岸信介曾经这样回忆:"曾经是认真学习的学生,但是当时的社会环境及学校内的氛围对只顾埋头学习的人以非常大的冲击。"极大地加速这种潮流的,在政治学上是吉野作造的"民本主义",在法学上是美浓部达吉、末弘严太郎的"市民法学"。

1920年,在国外留学3年后回国的末弘,作为"市民法学"的担纲者开始了拼命的工作。他除了写下已经提到过的《农村法律问题》、《劳动法研究》等书以外,在东大也开始讲授劳动法(据说来听他第一堂课的有1000人以上)。同时,通过《现代法学全集》的发行及《法律时报》的创刊,法学在尝试着对市民开放(使用了"把法科大学向市民(开放)"这样的标语)。末弘以当时综合杂志《改造》为中心,写下了多篇评论、随笔,这也充分表明了他在社会和法律方面的立场。这在今天已经非常专门化的民法学界是难以想像的。此外,还有必要加上从关东大地震开始的东京大学和解法律商谈部(末弘之后的是末弘的学长、盟友穗积重远,直至该部解散之前,他都一直非常支持该活动)的活动。

(二) 战后的状况

1. 战后民主主义与民法

日本的市民法学由于战败而得以复活。末弘所希望的劳动基本权得以确立,他成为中劳委会长。对穗积而言曾经是悬案的家族法也实现了全面修改,他成为最高裁的法官。但是,尽管如此,在战后的日本依然潜藏着残存的"封建主义"旧体制复辟的危机。打破该危机的,在政治学界是丸山真男,在经济学界是大塚久雄,在法学界是川岛武宜。川岛比末弘、穗积等晚了两代。在这两代中间的是我妻(荣)。我妻起到了在与旧势力相妥协的同时确立战后民法的作用。与此相对,川岛则更为自由一些。因此他被当作新思想的担纲者(例如,在战后修改家族法之际,我妻、中川起草法案并对法案的制定负责,可是川岛却作为干事参加了委员会,组成了批判原草案的阵营)。

川岛的《日本社会的家族构成》和《作为意识形态的家族制度》,作为推进战后近代主义的力量,对知识分子阶层有很大的影响力,而且新宪法、新民法的男女平等以及新的家族观在更广阔的范围内为一般市民所接受。被搬上荧幕且取得了巨大成功的《青青山脉》也是对这些现象的描述。就这个方面而言,学校教育实行男女共学、大力提倡民主主义的影响也不小。当时,文部省编的教科书《民主主义》中写道:"夫妇同权、男女平等,绝不只是法律制度上的问题。其根本在于人们的想法、生活方式的构建。法律上的制度好比是骨架。能给该骨架添上肉,使暖融融的血在其体内流动的是过着家庭生活的所有人们的心。"(据说该论调甚高的教科书的中心执笔者是东大的法哲学教授尾高朝雄)。

2. 1970年代的市民运动与民法

掀起日本的市民法学第四波的时期是 1960 年代后半期至 1970 年代。该时期与作为革新政治体之象征的美浓部亮吉东京都知事(经济学者,美浓部达吉的儿子)的在任期间(1967 年—1979 年)几乎重合。经过 1960 年代的经济成长期,享受"富裕社会"的市民们——接受了男女共学的战后民主主义教育的孩子们——对产业优先主义所产生的生活的偏离提出了异议。当时作为手段之一来采用的是诉诸审判的策略。

各种各样的事件在法庭上被提起,其中具有代表性的是四大公害事件〔富山的疼痛病、新泻的水俣病(1971 年)、四日市的哮喘病(1972 年)、熊本的水俣病(1973 年)〕。我不禁想起当时许多的受害者、支援团体、律师团以及对这些予以关注的新闻媒体以及民法学者们,还有在地方法院前的帐篷里判决被迅速报导的情景。当时与川岛一起作为战后法社会学领导的戒能通孝是东京都公害研究所所长,以他为首,众多的民法学家参与到公害问题之中(戒能在入会纠纷方面有名的小繋事件中担任代理人)。其中,以新容忍限度论为代表,展开了各种各样的法律理论。

这一时期,在民法学上,加藤一郎和星野英一提倡的利益衡量论(第四章第三节)成为占支配地位的法律解释方法论。正如上一节已经提到过的那样,在昭和40年代,甚至连最高裁也作出了更为关注具体结论的判决,民法学整体上准备给承受了经济成长所带来之负面影响的人们以个别救济。这是提倡"保护弱者"的时代。

三、机能的观察

在市民开始关心民法的时候,究竟其表现为怎样的形式呢?从已经提到的地方来看,一方面是关心民法(有了新的民法)本身(自由民权期,占领期);另一方面,还存在就特定的社会问题,提出具体法律规范上之问题的情况(大正民主主义时期,1970年代市民运动时期)。关于前者,对上面提到的没有特别需要补充的;关于后者,则有必要再深入地讨论一下。在这里,我想对或多或少将实际的纠纷解决置于思考范围之内的关心方式与对抽象的、一般的问题的关心方式加以区别,在此基础上来看看市民与民法的关系。

(一)作为裁判规范的民法

1. 纠纷的解决:交通事故的场合

在诉讼中利用民法的时候,首先所希望的是主张自己的权利并解决纠纷。在这种情况下利用民法的典型例子,可以举出交通事故诉讼。

随着经济高度成长期的动力化,机动车事故急剧增加。1960年代末,每年(因机动车事故造成)的死亡人数超过1万人,以至于人们将这种现象形容为超过越战中死亡人数的"交通战争"。这种现象使在此之前一直都只不过位于民法边缘位置的不法行为法一跃成为社会关注的对象。

本来,在此之前,所谓的事故一般都是日常小规模型的。夸张些讲,事故就好像只是打破邻居家的玻璃进行赔偿这种小事。通过诉讼来争论有无责任是极为例外的情况。

但是,交通事故在某一天突然发生了。加害人是不认识的人,而且受到的损害也很严重。同时,对责任的有无及程度的判断都很微妙,计算损害赔偿额的方法也不明确。因此,人们开始希望通过民事诉讼来解决纠纷。事实上,也无非是通过诉讼来决定责任和赔偿数额。

这样,全国的法院里有了很多的交通事故案件等待处理,法院每天致力于纠纷的解决。从中也得出了处理交通事故的标准(例如,过失相抵的标准及可得利益的计算方法等)。[43] 这样,现在在法庭之外解决交通事故的情况比较多。但是,以交通事故作为一个大的契机,在法庭上辩论权利的有无确实变得普遍起来。[44]

即使在今天,交通事故虽然是突发的不幸事件,但是既然事故发生了,不管是否诉诸法院,人们都会主张一定的权利,这样的意识已经变成了普遍的法意识了。

2. 问题的提出:药物损害和日照权的场合

作为依民法提起诉讼的理由,除了解决眼前的纠纷之外也还有其他的因素。

首先,一方面,我们可以撇开眼前的纠纷,追问某个社会问题方面的法律制度的不完备。交通事故诉讼在结果上也导致了保险制度等的改革,迫使有意识地进行制度变革。这就是平井宜雄所讲的"政策形成诉讼"[45]。

举例而言,1970年代后半期作出判决的 SMON* 诉讼〔例如东京的 SMON 诉讼(1978年)〕等药物侵害诉讼就具有这种浓厚的色彩。因此,在追究制药公司的民事责任时,也追究了国家的赔偿责任。换言之,在审判中讨论了药事行政的妥当性。结果,1979年在修改药事法的同时,制定了《医药品副作用被害救济基金法》(现在叫做《医药

---

[43] 请参考仓田卓次:《交通事故诉讼的课题》(1970年)和《交通事故赔偿种种》(1976年),这里面揭示了法理形成的经过。
[44] 关于交通事故当事人的意识,请参照六本佳平:《民事纠纷的法律解决》(1971年)。
[45] 平井宜雄:"现代法律学的课题",《法律学》(1979年),第24页。
　* Subacute myelo-optico-neuropathy 的缩写,亚急性脊髓视神经病。——译者注

品副作用被害救济、研究振兴调查机构法》),开始构想救济、预防药物被害的策略。[46]

还有其他相同的例子。机场公害诉讼是就航空运输行政方式提起的诉讼,水害诉讼是就河流行政方式提起的诉讼。

如果说这些是就个别纠纷出现以后的问题提起的诉讼,那么另一方面,也存在为了让对方认识到纠纷存在本身而提起的诉讼。日照权诉讼可以说就是这种诉讼的例子(下级法院的判例非常之多,最高裁层面上的有最高裁昭和47年6月27日,民集第26卷第5期第1057页)。

日照权诉讼具有提议"通过诉讼应该承认日照权"这样的侧面。如果着眼于此,那这就变成了"政策形成诉讼"。但是,如果对日照权纠纷案件作一番调查的话,我们就会发现,为了首先建立一个对话的平台,不动产商而非地域居民对公寓建筑采取财产保全行动的情况相当多。在被采取财产保全之后,业主们认识到纠纷的存在,就会对对话作出反应。

"政策形成诉讼"是提起宏观问题的诉讼,与此相反,这样的诉讼(暂且称为"纠纷认知诉讼")是提起微观问题的诉讼。

总而言之,这些诉讼并不是以解决纠纷为目的,而是为了表明论点、设定议论场所的目的而利用诉讼。设定形式恰恰是诉讼的目的。

(二) 作为行为规范的民法

1. 规范的形成:PL*的场合

在最近的诉讼中,有的诉讼不是为了解决纠纷或者为了提出问题而利用民法,而是直接提出了民法规范的恰当与否问题,这种情况特别地体现在围绕民法修改的议论上。当然,如果民法被修改,就可以通过适用新规定而使纠纷得以解决,所以立法并非与具体的纠纷解决没有关系。但是,在围绕立法的议论中,我认为问题在于,从更一般、抽象的层面上看、普通市民希望怎样的规范成为我们日常生活行

---

[46] 作为关于综合分析 SMON 诉讼的文章,请参考淡路刚久:《SMON 事件和法》(1981年)。

* 即 PRODUCT LIABILITY,产品责任。——译者注

动的指针。而且,民事立法的效果在作为纠纷解决之具体方针的同时,也可以说具有作为表明一般行为规范的东西而为人接受的倾向。

围绕民事立法的争论呈现出这种样态的例子,无疑可以举出围绕PL法的立法。在日本,在1970年代已经有人提出关于产品责任的立法草案,关于这个问题的判例也已经相当多。但是,直到1980年代后半期,将产品责任立法的动向仍然没有得到具体化。在将产品责任立法化这种动向很活跃的背后,存在着EC指令的出现以及日美贸易摩擦问题等因素,这里我不对这个问题进行深入讨论。1990年代前半期进行得很激烈的立法讨论,总算在1994年结晶为《产品责任法》(在细川政权、羽田政权之下,该法案的成立背后有着复杂的政治过程,这里不进行深入讨论)。

这里想提请大家注意的是,也有人[47]认为,在立法争论的过程中,只是将原来的"过失"概念替换成了"缺陷"概念,这只不过是对判例法的追认罢了。有人认为PL法案并不能取得多大的成果,这种观点倒也似乎合情合理,仅仅考虑作为裁判规范的PL法,似乎的确是这样。但是,即使在技术上没有多大创新的法律,在激烈讨论之后,最终通过该法律的立法过程所具有的象征效果是不能忽视的,这一点仍然是确定无疑的。包括反对该法律的产业界在内,PL法唤起了一定的对产品安全性的社会共识。从制定PL法前后开始,对安全性采取措施的企业开始多起来,同时,消费者一方的权利意识也在逐渐增强,发生事故就追究责任,这样的想法已经在一定程度上固定下来,对于这些,人们都还记忆如新。

无论是否存在PL法,因小额被害提起诉讼的情况几乎没有。多数纠纷都是在消费者与企业之间处理的,或者是通过消费者中心这样的裁判外纠纷处理机关的参与得以处理的。在这些场合,尽管也有是否存在技术意义上之缺陷的问题,但是对安全性具有怎样的认识,对纠纷的认知也好、解决也好,都具有非常大的意义。这样,通过作为裁判规范的民法的修改,有必要着眼于形成怎样的行为规范。

---

[47] 内田贵:"管见'产品责任'",NBL第494期—第497期(1992年)。

PL 所谓PL,是product liability的缩写,即产品责任。PL法中规定,如果证明了产品存在缺陷,无论制造者等是否有过失,都要承担民事责任(《产品责任法》第3条)。但是,在制定PL法之前,通过过失推定的法律技术就已经达到了同样的处理效果。在草案阶段,进一步引入了对缺陷和因果关系进行推定的规定,也讨论了创设审判外纠纷处理机关以及确保履行的保险制度这些问题。这些现在还没有实现。

2. 规范的摸索:夫妻异姓的场合

关于安全性存在较大的趋势,可以看到这已经通过立法得以确立,但也存在根据问题不同而不能明确应该制定何种规范的情况。在这种情况下,在展开立法讨论的过程中,同时探究某种当为的行为规范。如果举出最近的例子的话,可以将关于夫妻异姓的民法修改的讨论作为这样的过程来理解。

这里我不想深入讨论夫妻异姓论的由来(如果从将姓氏看做家的代替物的立场来看的话,夫妻同姓是"家"制度的残留物,新法是战后改革的总结。另一方面,也有从方便职业女性、承认其主体性的观点出发准备实现夫妻异姓的动向,除此之外,还有废除女子差别条约的世界趋势的影响)。同时,就现状而言,我想先交待一下,1996年2月法制审议会发布的改正纲要,由于自民党内部的反对,最终没有递交国会而被搁置了(更准确地讲,在1997年,基于上面的改正纲要而提出的民主党草案被提交国会,但是最终成了废案)。

如果从前述战后改革总结的观点来看的话,似乎大的趋势已经被决定了。但是,这一改革不是从"家"开始的解放(也不是不存在这个方面),而是蕴含着以战后民法为前提的"婚姻家族"走向崩溃的因素。正是因为如此,才有热心推进这些的人们,还有强烈反对这些的人们。在这种意义上,对(夫妻)异姓的讨论也是在追问将来可能有的(应该有的)家族的存在方式。因此,有关家族之讨论的取向在决定民法内容的同时,修改法案也是左右家族存在方式的问题。我们正处于围绕家族之规范的形成过程之中。

夫妻异姓 现行的民法规定,夫妻结婚之际,要选择将丈夫或者妻子的姓氏作为夫妻的姓氏(民法第 750 条)。在制度上选择哪一方的姓氏虽然是自由的,但是实际上,选择丈夫姓氏的情况占绝大多数。不得不改变与原来不同之姓氏的大多数都是女性。为了消除这种实际上的不平等,夫妻异姓制度被提出来了。但是,提案的内容并不是让所有的夫妻都用不同的姓,而是准备承认希望异姓的夫妻可以异姓(具有选择性的夫妻异姓)。同时,选择了异姓的夫妻之间所生的孩子的姓氏应该如何选择,也是个难题。修改法案规定孩子的姓氏从夫妻一方的姓氏。

最后,在对第一节和第二节进行对比的同时,对本章作一下总结。法律家是在用民法思考。满足社会要求的是通过法律解释的技巧。同时,法律家的价值判断是在考虑与民法所体现的价值之间的偏差的同时表现出来的。与此相对,市民则是在思考民法。民法构成市民行为规范的一部分,但并不是全部。市民利用民法并且接受民法,但是也有无视民法或批判民法的时候。同时,也并不是所有的市民都同样积极地关注民法。

就这些问题而言,大概在欧美也具有同样的倾向吧。赋予各国法律文化以特征的有以下几点:法律家与市民之间处于何种法律关系之上?同时,普通市民中积极地与法产生关联的人们究竟占有多大比例?通过利用法律技术来解决纠纷的法律家阶层是否得到一定的社会承认?通过利用法律而更新、改变法意识的市民阶层("法的市民"层)是否充分存在?这些要素对各国的法律文化都有很大影响。

参考文献

几村哲:《社会法学的开展和构造》(1975,1959—1961),第一编"市民法学"

田中成明:《裁判中的的法与政治》(1979 年)

第四章
民法的研究

本书的前半部分讲述了日本民法的特色,在后半部分的两章中,我将脱离民法本身来观察一下日本的民法学。首先,本章的任务在于回顾一直以来民法研究的动向,在第五章中将继续展望今后研究的方法。

第一节 外 国 法

正如已经说明过的那样,日本民法并不是在固有法发展的基础上制定的,而是通过明治时期引进欧洲的民法典并移植到日本的。由于日本民法典的这种来由,因此日本在民法典制定后不久,对外国法的研究就开始盛行起来。

因此,我会在下面探讨外国法研究的意义,但是在此之前,我想首先简单回顾一下历史,在此基础上再对现状加以分析。

一、外国法研究的历史

(一)目的

首先,从研究外国法的目的之所在开始。

1. 立法和解释

首先需要区别为了进行立法的外国法研究与为了进行解释的外国法研究。

上面讲过,明治日本在制定近代民法典时参考了欧洲法。同时,在战后被占领时期进行的改革中,立法受到了美国法强烈的影响。最近,在进行各种各样的立法时,又参照了相当多国家的立法例,特别是可以发现现在的立法具有这样的特点,即加强了对 EU 法的关注并参照了邻国韩国的立法例。但是这些是为了立法而进行的外国法调查,不一定是将之作为民法研究来进行的。虽然也做了查找资料或提供资料的工作,但那是作为辅助立法或研究基础的工作,而不是研究本身。

与此相对,研究者作为固有的研究而进行的外国法研究,主要是为了构建解释理论而进行的。当然,延伸开去也会出现立法论的主张,但是不管怎样,常见的研究是从探索根据现行法来处理问题的可能性出发的。下面作为问题来考察的外国法研究,基本上限于研究者作为研究来进行的(外国法研究),这里将为了具体的立法而收集资料的外国法研究暂时排除在外。

2. 问题和解决

如果仅限于学问式的外国法研究或者为了解释理论而进行的外国法研究,那么参照外国法究竟是出于何种目的呢?根据构思的方法,该目的应该可以分为两类。

第一,为了提出问题(problem setting)的研究。究竟是什么样的问题呢?为了明确这一点而来参照外国法。与此相对,第二,还有为了解决问题(problem solving)的研究。可能怎样解决已经存在的问题呢?这可以在外国法里寻找答案。

虽然笼统地说提出问题,但是根据提出的问题的不同,方法也不同。而且,根据问题性质的不同,解决方式也不一样。况且,实际上,同时包括提出问题和解决问题的研究也不少。这样一来问题提起型、问题解决型的区别不过是理念型的区别。作为后面分析的前提,事先导入这样的区别大概是有益的。

再简单总结一下。在解释理论的领域中,外国法研究是为了发现问题或者为了解决问题而进行的。而且,这里的关键在于"解释理论"和"发现、解决问题"。那么,什么是"解释理论中的问题"呢？在某种意义上,这一点可以说是本节的主题。

(二) 准据国

接下来看一下作为外国法被具体参照的是哪国的法律。

1. 大陆法

正如已经提到过的那样,明治日本最初公布的民法典(1890年的旧民法典)的财产法部分是由保阿索纳德起草的,家族法部分则是由他的学生起草的,这部民法典是有着浓厚法国影响的一部民法典。现行民法典(在审议过程中叫做"既成法典")虽然也是经过修改之后制定的,但是在修改之际,在采用了德国式的编纂方式(分为总则、物权、债权、亲属、继承)的同时,也参照了德国民法草案。虽然起草者梅(谦次郎)和富井(政章)两人是从法国留学归来的,但是富井对德国法有很大的兴趣。因此,可以说日本民法典是以法国法和德国法为中心蓝本而制定的。此外,根据规定,也参照了法国法系的意大利民法和比利时民法修正草案等。[48]

上面是立法层面的话题,如果仅从研究方面来看的话,那么可以说1910—1920年代热衷于参照德国民法。鸠山秀夫可以说是这个时代有代表性的学者(例如法律行为论)。此外也不能忘记冈松参太郎、石坂音四郎等人的名字。同时,在向德国法一边倒这一点上,特别显著的是三潴信三、眭道文艺等。更年轻一代的学者我妻荣、末川博等,也受到德国学说很大的影响(受领迟延论和物权变动无因论等)。

与此相对,强烈批评导入德国法学的末弘严太郎,在物权变动论问题上关注与日本民法采用了类似体系的法国法。同时,川岛武宜在个别解释论上也有采取法国法的构想。但是真正参照法国法的是

---

[48] 提到意大利法的影响的著作,例如,山田城一:"共有者之间的法律关系",《法学协会杂志》第101卷第12期—第102卷第7期(1984—85);关于比利时民法草案的影响,例如,内田贵:《抵押权和利用权》(1983,1980—1981)。

成为战后留学法国先驱者的星野英一。除物权变动论以外,在研究无权利能力的社团论、时效的存在理由等时,他也参照了法国法的观点。

之后有许多学者尝试研究法国法。例如池田真朗的《债权转让研究》等就是这种努力的代表。最近,大村敦志的《公序良俗与契约正义》、森田修的《强制履行的法学构造》等,都可以说是与该学术潮流有关的(每篇都包含着与德国法的对比)。但是,正如后面将会提到的那样,即使笼统地说法国法研究,但是也有各种各样的研究,不能一概而论。而且德国法研究依旧兴盛,没有停止过。例如河上正二的《格式条款规则的法理》等,就是近来取得的较大成果。

物权变动论 就物权(特别是不动产所有权)的取得和转移而言,日本民法规定,仅根据当事者的意思表示就可以发生物权变动的效果(民法第176条,意思主义),但是如果要使该变动得对抗第三人(不动产的情况下),则以登记为必要(民法第177条,对抗要件主义)。如何理解该制度,与此相关的问题该如何解决——围绕这些问题的一连串讨论叫做"物权变动论"。

2. 英美法

因为英美法上不存在法典,所以并不容易理解其全貌。因此,明治时期编纂法典之际,(英美法)不能成为全面模仿的蓝本。但是,民法典中也部分采用了参照英国判例法的规则(起草者的最后一人穗积陈重是英国派)。例如,关于损害赔偿范围的第416条即是一例,这一点通过平井宜雄的《损害赔偿法的理论》已经广为人知。

即便如此,这也是例外的情况。至少在最近以前,在研究的层面上,很少有人参照英美法。当然,如上所述,战后受美国法影响的立法也不少——刑事诉讼法、独占禁止法、公司法、证券交易法、劳动法等——但对民法本身则没有影响(但是,在家族法领域,美国的影响比较大。米仓明等人的家族观属于美国流派,请参照他的《美国的家族》)。

但是,最近,年轻一代中去英美留学的研究者增多了。原因在于《统一商法典》(UCC)、《合同法重述》等饶有趣味的素材的增加,在现实主义法学、经济分析、批判法学(CLS)等方法论上出现了很有意思的动向,对金融、信托、国际买卖等领域之关注的集中等等,不一而足。结果是,在财产法的领域也出现了参照英美法的动向。作为具体的成果,可以举出内田贵的《契约的再生》,道垣内弘人的《信托法理和私法体系》等。

《统一商法典》与《合同法重述》 在美国的民事立法中,各州均拥有立法权,所以每个州的法律状况都不相同。而且,民事法的中心部分不是制定法而是通过判例法来形成的。结果造成美国的民事法在统一性和可预见性的程度上相对较低。为了克服这些弊端,一个办法是制定统一的模范法典,另一个办法是根据重述来整理判例法。通过各州对前者的采用,并且通过将后者作为解释、适用判例法时的共通指南来加以利用,从而为事实上的法律统一和法律的可预见性作出了贡献。《统一商法典》和《合同法重述》是这些努力中有代表性的成功范例。

现实主义法学、经济分析和批判法学 所谓现实主义法学,是指认为法律解决不是通过从法律规范出发的逻辑型演绎来进行的,而是受到法律以外各种情况的影响而进行的法学潮流。(现实主义法学)是1930—1960年代很有感召力的潮流,作为其后各种潮流的起点,经济分析和批判法学等也很重要。实际上,从效率性的观点来分析法律制度的法的经济分析,试图指出法律制度所具有的意识形态的批判法学,也都可以说是依据、着眼于狭义的法律以外的因素——前者是经济,后者是政治——来理解并评价法律制度的学说。

3. 其 他

最近,准据国的范围越来越大。对德语圈的奥地利、瑞士,法语圈的魁北克,英语圈的加拿大、澳大利亚等的关注正在加强。虽然可以说现状未必很充分,但是对中国、韩国、泰国等东亚、东南亚的民法以及在立法和学说上富有特色的荷兰、意大利、斯堪的纳维亚等国的民法研究仍有进展的可能性。

与这些各国法的研究同样正在变得活跃起来的是国际立法研究。一方面,有联合国层面的条约(特别是 UN 条约),另一方面有欧洲层面的立法(各种 EU 指令、特别是产品责任指令等。此外,还有国际合同法原则的制定,进而还有迈向欧洲合同法、欧洲侵权法的动向),这些都受到了极大的关注。[49]

二、外国法研究的现状

在第一部分,我简单地阐述了外国法研究的目的和准据国。接下来,以此为前提,就最近外国法的研究再略微深入地进行一下探讨。为此需要区分继受型的研究和比较型的研究。

下面会谈到这两种类型各自的内容。如果先用一句话概况其特色的话,那就是"前者是模式的导入,后者是模式的构成"。或者也可以说前者是将外国法作为较强之模式来研究的类型,后者是将外国法作为较弱之模式来研究的类型。总而言之,可以通过模式的性质这一相同的标准来对比这两种模式。

(一)模式的引进:继受型的研究

1. 学说继受

北川善太郎将 1910—1920 年代发生的引进德国法学说的潮流称作"学说继受"。作为未必与德国民法典具有同一构造的日本民法典的解释理论,一下子出现了大量引入德国民法学说的现象,北川善太郎将这种现象定位为学说层面上的而不是法典层面上的"继受"。

一般而言,近代德国民法学说的精致和高水准的分析能力是众所周知的。而且,继受开始时期的德国学说是建立在当时世界上最新的德国民法典(BGB)的基础上的。这样的话,想引进这一最强有力且最新的研究成果,可以说是很自然的事。

---

[49] 关于 UN 条约,参照彼得·苏来黑特利的《国际统一买卖法》(内田贵＝曾野裕夫译)(1997 年);关于 UNIDROIT 合同法原则,参照"UNIDROIT〈国际合同法原则〉(暂译)",星野古稀:《日本民法学的形成和课题》(下)(1996 年);关于欧洲合同法、侵权行为法,参照海因·克茨(潮见佳男＝中田邦博＝松冈久合译)的《欧洲合同法》(1999 年)和冯·巴尔(窪田充见监译)的《欧洲侵权行为法》(1)(2)(1998 年)。

之后,德国法研究(特别是学说研究)潮流延续至今,可以说已经成为日本民法学的一个传统。特别是於保不二雄、几村哲、奥田昌道、北川善太郎、前田达明等一连串京都大学的研究者们,通过该方法,在抽象的法概念分析上取得了成果。最近,山本敬三的第一篇论文[50]等等继承了该学术潮流。当然,不仅限于京都,以研究德国法为武器的民法学者遍布全国。

在德国法研究中导入典型的外国法学说,具有将外国(例如德国)展开并形成的高级法律模式——例如,请求权的构造(奥田)、契约责任的构造(北川),不法行为的构造(前田)[51]——作为在日本法中亦应当参照之模式而导入的意义。因此可以说,外国法作为成形的模式为各国所继受,基本上就是采取了遵循此路径的姿态。

这样导入外国法的理论,在某种意义上是容易的,因此在众多研究中也采用了这种方法。但是,其中也会有明显的优劣之差。有必要先强调这一点。在德国法学中,一般而言,即使模式本身具有很高的成熟度,但是在理解、选择、导入该模式的各个阶段中也表现出了眼光的好坏。

暂且不论仅仅"把纵向变成横向"的研究,该方法容易变成将视角置于既成的模式之上的情形,这在性质上是无论如何也避免不了的。因此,稍不留神就会产生与(模式)导入国日本的法律状况不相吻合的情况。为了处理这个问题,在解释论上根据情况不同,甚至出现了略带强制性质的、强迫的情况。对这一点进行批判而出现的是下面的母法研究的进路。

2. 母法研究

正如已经提到的那样,日本民法典受到法国法的影响很大,起源于法国法的制度很多。因此,在试图理解某种制度的宗旨时,考察一下法国法的观点就会很容易弄清楚。着眼于此的法国法研究在战前

---

[50] 山本敬三:"补充的契约解释——对契约解释和法的适用之关系的考察",《法学论丛》第 119 卷第 2 期—第 120 卷第 3 期(1986 年)。

[51] 分别总结在奥田昌道的《请求权概念的产生和展开》(1979 年)和北川善太郎的《契约责任的构造》(1963 年)以及前田达明的《不法行为归责论》(1978 年)之中。

就已经存在,这一点在前面我也提到过。

但是,将这一点作为一般理论来强调的是星野英一的论文《法国民法对日本民法典的影响》。遵循这篇论文中所发表的宣言,之后就产生了"回归母法"的研究法国法的新动向。换言之,将附加在源于法国法的规定、制度之上的德国流派的解释理论排除之后,再来发现本来的制度宗旨,基于这种立场的研究也相继出现。

大概纯粹采用这种方法而取得最显著成功的是上面提到的池田真朗的《债权转让的研究》的前半部分(对民法第467条的论述)。或许正是由于这个原因,在池田目前所任教的庆应义塾大学里,云集了使用该方法的研究者们。当然,如前所述,采用研究法国法的民法研究者在其他地方也不少。不过,在那些地方,他们是在不同于"回归母法"的方向上进行探索研究。

之所以这样说,乃是因为仅仅排除德国法的影响是不能建立积极的解释理论的。"回归母法"是一种古典主义、人文主义的表现,让人想起罗马法学历史上的居雅士(Jacques Cujas)*的主张。他曾经主张应该排除中世纪意大利附加在罗马法上的各种解释而回到罗马法的法源本身上去。但是这种观点终究只是为了认识罗马法的一种看法,因此居雅士本人并没有给出他所处之时代所应该采取的罗马法解释。

从这段历史我们可以明白,作为解释论采用母法的观点只不过是一种选择。例如,池田对民法第467条的论述,乃是将作为母法的法国法(准确地说是与保阿索纳德的理解有关的法国法)的观点作为解释论的提议。

既然如此,这与星野论文中排斥导入德国学说的观点,在某种意义上难道不是同一个平面上的工作吗?在导入既成的模式这一点上,可以说在导入德国学说与导入母法理论上是没有差别的。这里的问题只在于导入技巧的高明与否,并非参照母法就可以保障该解释理论的正统性。从池田的讨论在第467条上取得了较大的成功、

---

* 居雅士(Jacques Cujas)(1522—1590),法国人文主义法学派的主要代表和核心人物。——译者注

但是在第468条上则未必成功这一事实中,我们就可以明白这一点(以上就是从道垣内弘人对池田论文的批评开始,到森田修关于历史与规范之联结的讨论等最近一系列讨论中所论述的问题之所在[52])。

* * *

经过以上的过程,可以说现在在外国法研究这个问题上,认为德国法也好、法国法也罢,两者都不具有特权地位的认识正在扩大。

当然,即使在今天,德国学说、法国法源等对日本法而言依然可以说是具有说服力的模式。但是,这些模式自始至终都不过是因为各自具有说服力而已。确实,德国学说具有很强的构成力,法国法典中也存在着与日本法具有连续性的制度、规定。但是,并不是在所有的情况下均是如此。

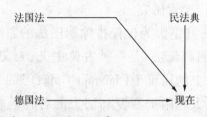

(二) 模式的构成:比较型的研究

1. 理 解

虽然下面这种观点略微有些不同于主流观点,但是我仍然认为外国法研究实际上无非是在理解日本法的学说。例如,日本法上的物权变动论(意思主义—对抗要件主义)、日本法的侵权行为制度(过失一元主义)这些制度,在与各国制度进行比较之时,我们应当将其定位为具有怎样特色的制度呢?以其他国家的制度为鉴,可以认识、理解本国的制度。外国法研究作为理解本国法的手段,具有非常大的意义。

在进行这种研究时,重要的是构建在其基础上能够理解成为比较

---

[52] 包括讨论的一连串内容,请参照森田修:"对私法学的历史认识和规范认识",《社会科学研究》第47卷第4、7期(1995—1996)。之后有池田真朗的"指名债权转让法理与对债权流动化的学理处理——从民法解释学方法论的角度出发",《庆应大学法学研究》第70卷第12期(1997年)。

对象的外国法和日本法双方的上位模式。该模式并不是从天而降的,而是在强烈地意识到日本法的外国法研究中获得的。也就是说,通过比较外国法和日本法得到了一个模式,再通过该模式来理解外国法和日本法——这就是进行这种研究时所要做的。

这未必是日本民法学上所固有的方法。例如,举一个古老些的例子的话,托克威尔的民主主义研究就是一个很好的例证。他通过研究美国的民主主义,可以理解法国的政治。使这种理解成为可能的是美国、法国的比较政治模式。最近的例子可以举出青木昌彦等主张的比较制度分析,这种观点认为企业的形态是由各种因素来决定的,存在美国型(A型),与此相反也存在日本型(J型)。这里的关键是展示共同的分析框架。[53]

实际上,德国学说研究也好,母法法国法研究也罢,出色的研究大都伴随着这样的上位模式的构建。例如,在学说研究和母法研究的复合研究中取得了巨大成果的平井宜雄的《损害赔偿法的理论》的第一篇论文,就是以构建"完全赔偿主义和限制赔偿主义"这样的模式为核心的。

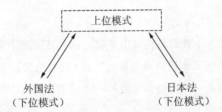

2. 展开和发现

如果能够构建合适的上位模式,基于这种模式来确立日本法的下位模式,然后以此为指针,就能够对个别问题进行处理。在展开这样的过程时,外国法下位模式的展开方式就成为参考。德国、法国各种各样解释论所采用的数据,在这种情况下就成为参考资料了。实际上,通过遵从外国法解释论从而构建了上位模式的研究很多(在年轻一代中,潮见佳男的德国法研究和森田宏树的法国法研究等都是成

---

[53] 青木昌彦:《日本经济的制度分析》(1992年)。

功的例子[54])。

另一方面,本来,在哪个领域设定怎样的问题以谋求上位模式的构成,在很多情况下本身就是一个问题。在发现这个问题的过程中,可以参考外国法中的讨论情况。在某国的社会中,在其法律、判例上以及学说上,存在着哪些问题,如果能够把握、理解这些问题,将其与日本的问题相联系起来的话,就可以开辟构建上位模式之路(可以从内田、道垣内的英美法研究看出这一点。我本身也在留意这个问题。大概山本敬三、森田修也是如此。本来,星野本身的研究也颇具这种性质)。

而且,构成模式的题材不限于外国法。例如,在德国或者法国,参照19世纪的德国普通法以及17—18世纪的法国古代法甚至罗马法等历史的研究也不少。毋庸置言,与超越空间的比较研究一样,超越时间的比较研究也是有用的。只是近代日本拥有外国法和固有法上的信息量完全不同,所以选择了外国法作为有利的研究题材,从而也确定了研究的方向。

参考文献

大村敦志=道垣内弘人=森田宏树=山本敬三:《民法研究手册》(2000年)

星野英一:"法国民法对日本民法典的影响",载《民法论集》,第一卷(1970,1965)

北川善太郎:"学说继受——民法学发展的一个侧面",载《日本法学的历史和理论》(1968,1966—1968)

第二节 社会—经济(史)

与上节中说明的外国法研究相并列,赋予日本民法学以特征的是

---

[54] 潮见佳男:《契约规范的构造和展开》(1991,1984—1990),第一部分;森田宏树:"对瑕疵担保责任的基础考察",《法学协会杂志》第107卷第2期(1990年)以下;森田宏树:"关于在买卖合同中的瑕疵修复请求权的考察",《法学》第53卷第6期,第54卷第2期,第55卷第2期(1990—1991)等。

对社会经济(史)与法之间关系的关注的加强。在法律解释上强调逻辑性的平井宜雄，称这种倾向(不过，他是将战后的倾向置于考虑之中的)为"社会学主义"，并对此采取否定态度。[55] 关于或好或坏的评价，可以有很多不同的看法，但是在认识事实的层面上，该批评可以说是恰当的。

因此，本节准备沿着日本民法学迈向"社会—经济史"的过程来进行叙述，但是，即使笼统地讲"社会—经济(史)"指向，其中也有各种各样的类型。下面，为了方便起见，我想将这些分类为方法指向较强的和制度指向较强的两类。可以说，前者采取了应该首先从社会或者从经济出发来观察法的进路(从与法律制度的关联来看是超越性的)。与此相反，后者虽然是从法律制度出发，但是是在理解上不能不将与社会—经济(史)的关联考虑在内(从与法律制度的关联上来讲是内在的)的进路。

一、方法指向的进路

如果对方法指向的进路进行再详细划分的话，可分为主张应该采取社会现实中存在的规范("活法")而不应该采取制定法的指向，与主张应该把握规定法律制度的经济构造(特别是"资本主义"机制)而不应该把握法律制度的指向。可以说前者背后有法社会学诞生的背景，推进后者的则是马克思主义经济学和新古典派经济学。

(一)"活法"研究

1. 战前战后：农村习惯调查

主张研究"活法"的必要性，将日本民法学从概念法学转向社会学法学的是末弘严太郎。1921年，在欧美留学3年归来的末弘，在《物权法上卷》的自序中发表了如下的宣言："(明治)维新以来导入我国的欧美风格的法律和法律学突然将我国的法律和法律学欧美化了。这确实是一种进步，今后也应该沿着同样的道路走下去，从而逐渐达到世界归一的目标。但是，无论如何欧美化，日本的法律无疑将

---

[55] 平井宜雄：《法律学基础论备忘录》(1991年)，第56页。

永远保留着日本的地方色彩。"

末弘发表这样的言论,其背后存在着这样的认识,即在当时的法律书中,缺乏地方色彩;换言之,那些书仅仅是依据法典和外国法律书写成的,没有说明现在社会中正在适用的法律是怎样的。这种认识在当时也引起了大家的共鸣。但是,也有人认为年轻的(35岁左右)末弘的过激主张是义气用事,而且还有人批评说,重视社会评论的末弘民法学不是学问。

即便如此,这种认识本身的正当性是无可辩驳的。因此,从战前到战后,日本民法学形成了调查习惯的传统。其中取得较大成果的是农村习惯调查。国内自不待言,在中国、朝鲜半岛或者南洋诸岛上也进行了各种各样的习惯调查。中国的农村习惯调查是由末弘亲自指挥进行的,中川善之助则在国内外都倾注全力调查家族习惯。特别是在战后的一个时期,农村习惯调查从弄清楚前近代的习惯并普及现代法律这种实践意图出发,达到了极为兴盛的地步。

但是,战后社会进入安定时期,同时随着(经济)高速成长,开始了急剧的都市化进程,对农村习惯调查的迫切关心也消失了。但是,即使在今天,在受到末弘、中川的影响研究物权法、家族法的研究者中,还是存在着对习惯调查感兴趣的人。不过,在更年轻的一代中则缺乏后继者。

2. 1960年代以后:交易习惯的调查

研究"活法",并不是只有在农村的前近代社会中才有可能或者才有必要。在现代的企业交易中,与制定法不同的"活法"也大量存在。当然,末弘本身也并非无视交易习惯。这一点从他将不动产交易中所有权转移时交易当事人的意识作为问题来研究,或者从他在研究农村法律问题的同时、对研究劳动法亦感兴趣这些事实中也能够看出来。

虽然如此,从重要性上来讲,从战前到战后,将企业交易中的习惯作为问题的情况几乎没有。开始对这一点变得非常关心,是从战后经济高度成长开始的。首先对这一点表示兴趣的是来栖三郎。来栖经过二十多年的时间,出版了穿插交易习惯调查的《企业法》。同时,对个别问题的更深入研究是由更年轻的一代进行的。以交易实态调查为前提、构想新的企业法的北川善太郎进行的一系列研究,以及星野英一所提出的企业交易中契约观的问题,就是例证。[56]

之后,内田贵通过对连续交易的研究继承了这种倾向的研究,并一直延续至今[57](就内田的研究而言,在他最初指出连续交易之重要性的《契约的再生》一文中,就明显地表现出想弄清楚判例法的现状并对之进行说明的倾向。但是,现在他表现出更强的弄清楚社会事实本身并将之理论化的倾向)。

(二)资本主义和民法的模式

1. 我妻—川岛理论

与上面事实指向的研究相对,具有强烈模式指向的宏观层面研究也成为日本民法学一个较大的研究传统。至少到某个时期之前都是这样的。这就是所谓的要弄清楚"资本主义与民法"之关系的研究项目。

该传统的始作俑者是我妻荣。第一次世界大战后留学欧美、学习了社会学、经济学、社会主义的我妻,在完成《民法讲义》的同时,提出了作为其终身研究课题的"资本主义发达所带来的私法变迁"。而且,为了达成该目标迈出较大的第一步,他写成了后来作为《债权在近代法上的优越地位》一书出版的论文。该论文在杂志上公开发表是在1927年—1929年的三年间,当时我妻刚刚三十岁出头。

10年以后的1942年—1944年,同样是三十多岁的川岛武宜在东大法学部作了题为《物权法的基础理论》的特殊讲义。战后,该讲义的笔记被总结出版为《所有权法的理论》。至此,将资本主义的成立、发展与民法的关系从宏观的观点来进行把握的我妻—川岛理论形成了。

虽然叫做"我妻—川岛理论",但是我妻的见解与川岛的见解未

---

[56] 北川善太郎:《现代契约法》(I、II)(1973/76),星野英一等:《座谈会:代理店、特约店契约的研究》,NBL第138期—第163期(1977—1978),《座谈会:我国社会中的契约观》,NBL第200期—第204期(1980年)。

[57] 例如内田贵:"信息化时代的连续交易",载星野古稀:《日本民法学的形成和课题》(下)(1996年)。

必存在连续的关系。我妻以债权论、川岛以所有权论为各自的中心论题,我妻的论述是关于金融资本形成的论述(用马克思主义经济学的话来讲,就是"阶段论")。与此相对,川岛是关于资本主义本身成立的论述("原理论")。但是,两者都论述了关于"资本主义与民法"这一重大课题。两者在受到了马克思主义影响这一点上也是相同的。

我妻—川岛理论是日本民法学史上的巨大贡献。同时代的学者以及后世的学者们都对这两个贡献表示敬意。但是此后直接继承这些理论进行研究的,可以说不太多。

2. 马克思主义法学

在战后的一段时间里,我妻忙于他的另外一个终身事业《民法讲义》的修订工作。同时,作为各种立法工作的负责人,他也是忙得不可开交。川岛也开始对美国流派的法社会学感兴趣。同时,我妻、川岛等培养的许多有力的民法学者开始关注如何处理战后社会所产生的各种各样的问题(加藤＝平井:侵权行为法,星野:租房租地法)。

在这些学者之中,在某种意义上,在纯粹的形式上继承"资本主义与民法"这一课题的是属于马克思主义法学流派的研究者们,初期作为川岛法社会学后继者的渡边洋三、潮见俊隆等人就是这些研究者的代表(渡边等人所属的东京大学社会科学研究所就是其中的一个研究据点。最近,稻本洋之助、原田纯孝等也开始接触该学术潮流)。

简单地讲,这种主张在于"近代法——产业资本主义法""现代法——国家独占资本主义法"的理解方式。给出这一图示并以此为基础进行的分析是在1970年代末发行的《马克思主义法学讲座》、民科法律部会的机关杂志《法的科学》中所收录的各研究中展开的。而且,野村平尔等编的《现代法的学习方法》、渡边洋三等编的《日本社会和法》等许多岩波新书,都可以说是学习这些人主张的入门书。

马克思主义法学,至少可以说对战后的法社会学和法哲学产生了巨大影响。在民法学上,也不是没有产生具体的成果。但是不可否认的是,在1989年苏东解体以后,该影响大大减小。

但是,有必要赶紧补充下面一点。即战后的马克思主义法学(至少其中的一部分)与市民社会论、近代化论具有不可分割的关系。在这个意义上,可以将川岛的后继者、末弘的高徒戒能通孝(已经提到过,他是美浓部都政的智囊,同时在很长的时间里也是末弘创刊的《法律时报》的负责人)拥戴为强有力的领导者。在今天"国独资(国有独资)"论早已不见踪影。但是在该分析的基础"市民社会"观中仍然存在具有一定魅力的部分。因此,在属于该学派的年轻学者中,拯救该"市民社会论"、试图在重构中寻找出路的倾向很明显。[58]

3. 法的经济分析[59]

无视马克思主义经济学的衰落,取而代之开始对民法学产生影响的是法的经济分析。自从1970年代初在美国留学归来的平井宜雄介绍了卡拉布雷西理论以来,该方法论席卷了以民法、商法、经济法等为代表的各种法律领域。同时也出现了浜田宏一、三轮芳朗等从经济学的阵营转向尝试分析研究法律制度的研究者们。[60]

单纯地讲,该方法是为了从效率的观点来评价现存的法律制度(或者可能的立法论)的技法。但是,在其看上去具有价值中立性的分析背后,可以隐约发现附着在新古典派经济学上的意识形态。因为该分析模式简单并且可以深刻地表明(制度)的好坏,所以具有很大的破坏效果。但是其说服力是与如何设定该模式的适用前提相关的,如果不能设定妥当的前提,那就会得出过分简单化的结论。从最近定期租房权讨论中该方法的适用中,已经可以看到其害处。

因此,在民法学中,全面援用经济分析的讨论很少。该方法的导入者平井(宜雄),也已经转向建立基于效率与正义二元论基础上的制度分析框架(《法政策学》)。同样留学美国的内田贵对该方法论虽然有很大兴趣,但是对之持批判态度。同时,森田修尝试以博弈理论

---

[58] 例如,吉田克己:《现代市民社会和民法学》(1999—1996—1998)。
[59] 川滨升:《关于〈法和经济学〉与法的解释》对法的经济分析作了批判性的探讨,《民商》第108卷第6期(1993年)以下。
[60] 参照浜田宏一:《损害赔偿的经济分析》(1977年),三轮芳朗:《禁止垄断法的经济学》(1982年)。并且最近作为法学者与经济学者的共同研究,有三轮芳朗、神田秀树、柳川范之编:《公司法的经济学》(1998年)。

为基础的、最近的标准为前提展开讨论,但是他也不是单纯的经济分析。虽然有人投入精力展开更单纯的讨论,但是对此的批评更严厉,其也不能说有很大的影响力。即使不能全部依赖经济分析,但是在民法研究中也不能忘记,该方法确实是一个有效的工具。从制度设计这样的社会工程学的观点来看,这种方法也是必要的。

二、制度指向的进路

与上面不同,从民法上个别制度出发的更具体的研究也不少,大体上可分为将社会经济史的分析框架应用到个别制度研究上的研究,与事先不设定任何特定的题目而是仔细研究立法、学说的历史或判例的情况、从那里接近其背后的社会—经济情况的研究。现在依次来看一下这两种研究。

(一) 社会经济史的导入

1. 抵押权和租赁权

在经济高度发展以前的日本社会里,不动产是重要的财产。关于不动产的法律制度不能说与经济—社会没有关系。因此,在这个领域中,有人积极地导入了社会经济史的分析。大体可以分为两个问题。

第一,与抵押权和使用权有关的问题。已经介绍过的我妻理论,对抵押权和使用权具有独到的构想。他认为近代的抵押权是把握不动产之价值的制度。具体的结果是产生了两个命题,即抵押权在原则上不能干涉不动产的使用以及有必要提高抵押权的流通性。与我妻的理论相对,研究作为我妻理论之源头的德国法历史的铃木禄弥批判说,我妻所说的"近代的抵押权"不过是将迟于资本主义世界出现的普鲁士[61]的特有情况给一般化了。同时,内田贵也指出,日本的抵押法是基于与德国法不同的理念制定的。[62]

第二,与所有权和租赁权有关的问题。日本民法将租赁权作为债权来看待,不承认转让转租。同时,在制定建筑物保护法、租房法之前,不承认对抗力。与此相对,一部分论者批评说,所有权绝对构成

---

[61] 铃木禄弥:《抵押制度的研究》(1968—1953)。
[62] 内田贵:"抵押权和短期租赁",《民法讲座》(3)(1984 年)。

是过时的东西,在资本主义发达国英国,所有权是作为受使用权制约之权利而存在的;日本法的状况是与近代法的情况相反的。但是也有人指出,即使与此相反,各国的法律制度的发展并不是一致的,近代已呈现多样性。[63]

如上所述,曾一度有力的近代抵押权制度或者近代土地所有权论,现在都受到了否定的评价。那么这些研究是错的吗? 确实,该结论也许存在着过度的一般化。在这个意义上,也有不得不接受否定评价的一方面。但是,就抵押权、租赁权而言,对德国与英国、法国(或者日本)、英国与法国(或者日本)进行比较的视角,正是通过这些理论导入的。导入这些假说,至少作为研究项目而言是有用的。

今天,如果这些理论已经失去了作为研究项目的价值,那么必要的不是否定项目的存在,而是确立能产生研究成果的个别研究项目。例如,在考虑租房权的情况时,将具体的经济状况作为决定因素来加以重视的濑川信久的《日本的租房》,将住宅政策、社会运动列入研究范畴的吉田克己的《法国住宅法的形成》,已经让人感到产生了新的研究项目的预兆。

2. 契约和所有权

关于抵押权、租赁权,有人曾经参照近代以来的欧洲社会—经济(史)来构建其模式,在其他方面也有寻找构建模式题材的研究。我所要举出的例子有些陈旧,这个例子就是战后不久出现的广中俊雄的《契约及其法律保护》。该研究以未开化社会和罗马社会为题材,讨论了应该由诉权来保护之契约的产生。最近与此类似的研究是讨论所有权产生的加藤雅信的论文。[64] 上面两篇都是参照社会经济史和人类学知识的研究,也许这些研究隐藏着今后的可能性进路。而且,欧洲开始出现题为《法人类学》的书籍。

(二)目的论解释的参考资料

本书认为,就法律解释的方法而言,无论是立法者意图说还是法

---

[63] 对以上的潮流作了概述的是森田修的"战后民法学上的'近代'——'近代的所有权论'断想",《社会科学研究》第48卷第4期(1997年)。
[64] 加藤雅信:"试论'所有权'概念产生的构造",《法学家》第1069期(1995年)以下。

律意图说,都是目的论解释的一种观点(第三章第一节第一小节之1(1)部分)。理由在于,前者是想要参照立法者加以考虑的社会事实,与此相对,后者现在是要明确解释者应该加以考虑的事实。在这个意义上,目的论解释是日本民法学所擅长的。因此,一方面探究影响规范生成的社会情况、另一方面明确成为具体适用规范前提的社会情况的研究,也开始活跃起来。如果说学说史研究是东大的学术传统,那么战后该方法也是东大民法学所擅长的。实际上该方法会有各种各样的变种,限于篇幅,以濑川信久的《不动产附合法的研究》和内田贵的《抵押权和使用权》为题材,来简单看一下其特点。

1. 规范的生成:立法史的研究

对于涉及立法的社会经济背景的分析,例如,可以在星野的法国物权变动制度的研究中看到。但是濑川的论文没有停留在立法上,他采用了将关于附合的学说史上的主要潮流与社会经济考虑结合起来说明其变迁的做法。此外,内田的论文揭示了这样一个道理,即成为日本法律中关于短期租赁理论之基础的观点来自于成为比利时法律之前提的特殊社会经济状况,由此得出了否定立法正当性的理论。另外,其他学者也采用了该方法,但是在明确立法背景时不一定必须限于社会经济背景。注意法律思想的对立、社会哲学的对立,[65]关注其他制度、概念之间的关系等法律体系上的制约也是可能的。[66]

2. 规范的适用:判例研究

从判例中法律规范的适用情况来揭示作为适用对象的社会经济的情况,进而弄清楚现在适用之具体规范的研究也很多。例如,星野的《关于时效的备忘录》(载《民法论集》第四卷)通过案例分析,将关于取得时效的纠纷分为双重让与型和界限纠纷型。濑川的论文通篇使用该方法,将附合纠纷实际上进行了细致的分类,试图确立下位规范。另外,内田的论文手法明快,集中针对短期租赁纠纷中的欺诈较多这个问题来展开分析。即使与判例研究相关,也不是研究社会经济的实态,而是能将目光投向与此对应的判例框架。在多数的判例

---

[65] 例如,大村敦志:《公序良俗与契约正义》(1995—1987)。
[66] 例如森田修:《强制履行的法学构造》(1995—1992—1993)等。

研究中,也会讨论事实与判断之间的关系,但是也有人在事实、具体判断和抽象判断这样的三段论上研究判决。[67]

＊　＊　＊

最后以下面三个问题作为总结。

第一,关于"社会学主义"的功过。日本民法由于是继受法,其内容与社会之间的偏离相对来讲是很大的(但是在欧洲也存在法律家法和民众法之间的偏离)。同时,规则是表面上的东西,其背后存在着实际的利益——日本人的这种感觉很强烈。因此,试图在社会—经济关系中说明抽象规则的要求很强烈(因此,法社会学、马克思主义等的影响较大)。正如平井宜雄指出的那样,这样一来,就会产生法的自律性、逻辑性的倒退。但是,"法社会学主义"使法律不偏离社会—经济,这种意义也不可小视。因此不能过低地评价这种倾向的优点。

第二,关于应该叫做"经济中心主义"的倾向。法律确实受到法律之外系统的影响。但是,该系统不限于经济系统。然而,最近以前,近代化论或者马克思主义经济决定论占支配地位,这是有问题的。只是最近也开始使用与此不同的模式和图示,对思想的要素、政治的要素、学说史的要素等也开始表示关心(从村上淳一的著作《近代法的形成》的影响也可以看出来)。

最后,关于研究好坏的问题。与外国法(研究)一样,关于社会—经济(史)的研究,并不存在惟一的、万能的方法。其中存在的问题在于多种研究方法的合适与否以及实际运用上的优劣。即使都是研究立法史、判例,例如上面所讲的濑川的论文和内田的论文就非常不同(极端地讲,前者非常注重事实的细节。与此相对,后者重视从事实引导出来的图示)。两者之间并没有优劣之分,但是在采用同样的进路时,优劣之处就会显现出来。

---

[67] 例如能见善久:"违约金、损害赔偿额的预定和其规则",《法务》第 102 卷第 2 期(1985 年)以下,大村敦志(前注 18)指出,民法第 90 条对暴力行为的规制中,主要案件所确立的抽象的法命题(要件——恶意利用急迫、轻率、没有经验,效果——全部无效)实际上不具有强的规制力,此后出现了大量的不同判例。

参考文献

星野英一:《我妻荣〈债权在近代法上的优越地位〉后序》,《民法论集》第七卷(1989年)

第三节 利益衡量

外国法研究是民法典编纂之前的(下图①)研究方法,社会—经济(史)研究是从 1920 年代开始的(下图②)研究方法。与此相对,可以说本节中所提到的利益衡量论(也有人叫做"利益考量",下面原则上统一称为"利益衡量")是在 1960 年代出现的,在 1970—1980 年代成为占支配地位(下图③)的研究方法。

所谓利益衡量,简单地讲,就是在解释、适用法律时着眼于当事人的利益状况的做法,该方法在 1988 年—1991 年之间受到平井宜雄的强烈批评。平井特别地将把利益衡量的结果与法律解释直接联系起来的做法批判为"心理主义"、"直结主义"。该批判得到了在利益衡量论确立之后、接受建立在其基础之上的法学教育的年轻一代为中心的人们的肯定。结果导致了 1990 年代逻辑指向、体系指向的急速"复辟"(倒是从开始就有此倾向),今天的民法学者(至少年轻一代)中许多人都闭口不提"利益衡量"。利益衡量论的特有表达方式"对谁和谁是残酷的"也被打进了冷宫。

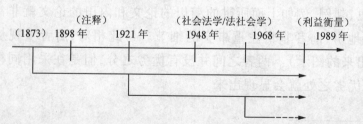

但是,利益衡量论真的是应该被全面否定的方法吗?本来,它是以什么为目的的方法呢?在该方法急剧衰落的今天,正是重新评价其意义的时候,也是可能评价其意义的时候。如果有必要的话,难道

不应该取其精华,将其作为传统予以继承吗?下面就是基于这种观点之上的"利益衡量论"赞成论。

但是,即使笼统地讲"利益衡量",其中也包含着各种各样的类型。因此我想首先将利益衡量进行分类、将其类型化并整理出关于它的争论(一)。在此基础上,究竟什么是利益衡量论呢?今后它又可能变成什么样子呢?我试图对这些问题加以考虑(二)。

一、利益衡量论的类型

(一) 分类的标准

利益衡量法进行如下追问:在出现问题的情况下相对立的是相关者的何种利益?如果进行一定的解释、适用的话,那么就会使何种利益受到保护而使何种利益受到损失?以这样的分析为前提,应该考虑优先保护哪种利益?将哪种利益放在后面考虑?等等。

从上面的分析可以明白,对于利益衡量论而言,重要的是将什么作为问题。而且,在明确了利益状况之后,在什么标准上作出判断,也是出现观点分歧之处。

1. 对象和领域

第一,关于"问题"的性质,首先是将对象设定在哪个层面上的问题。也就是说,以特定的法律制度为出发点,是在该规定的适用方式层面上思考呢?还是为了考虑具体的事件,在为了解决具体事件的层面上思考呢?在前者的情况下,应该解决的事件类型不限于一类。相反,后者的情况下,应该适用的规范也会是多种。如果着眼于这样对象层面的不同的话,利益衡量论可以分为①a 规范——制度指向型和① b 事例——问题指向型。

接下来也存在在哪种领域里使用利益衡量论的问题。利益衡量论是能够适用复数规范的领域(重复领域),还是适用于任何规范都不完全合适的领域(欠缺领域)呢?从该视角的采取角度就能明白,这种区别特别具有事例——问题指向型情况下之下位类型的意义(规范——制度指向型的情况下也不是没有,但是该类型下其他规范难以直接进入覆盖范围之内,所以难以采取这样的视角)。而且,作为解释技术,在重复型的情况下通过缩小解释来加以处理,在欠缺型的情况下则通过扩张解释、类推来加以处理——不管哪种情况,在这个过程中都进行了利益衡量。只是在②a 重复型的情况下,选择可能适用的规范是简单的,在②b 欠缺型的情况下,乍看上去,将哪个规范扩张或类推呢?这里也会有很多不太明确的情况。

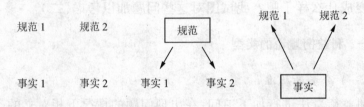

2. 价值和目的

第二,关于"标准",乃是在明确利益状况的基础上,在哪里找到判断时所采用之判断标准这一问题。在价值判断标准的形式上确立问题,讨论判断的标准是主观的呢,还是客观的呢?但是不能认为区别主观、客观具有多大的意义。毋宁说是以法律内在的价值为根据,还是以超越法律的价值为根据呢——这一点很重要。③a 所谓的内在型,就是民法如此这般地进行判断,那么这里也应该如此这般地进行判断的观点。与此相对,所谓的③b 超越型,就是不考虑民法,就该问题、该规定,解释者从自己的立场出发来建议进行一定处理的观点。

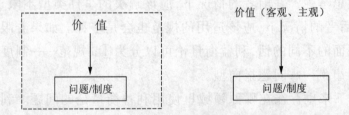

看上去好像是根据解释论或立法论来区分③a 内在型或者③b 超越型的,但即使存在立法论也未必有进行选择的自由,所以不能将这样的倾向加以一般化。

接下来,基于什么目的来使用利益衡量论呢?这也是个问题。有以下两种情况:为了理解某种制度或问题,即为了记述的目的使用的情况以及为了提议解释适用某种制度或解决某个问题,即为了当为的目的使用的情况。这里所提到的④a 说明型与③a 内在型确实是具有亲和性的,但是④b 当为型与③a 内在型、③b 超越型都可以结合在一起。

	a	b
①	规范型	事例型
②	重复型	欠缺型
③	内在型	超越型
④	说明型	当为型

(二) 分类的适用

接下来,将上面的分类框架适用到既存的利益衡量论——加藤理论和星野理论中,在明确两个理论各自特色的同时,将二者结合起来,试以表明既存理论整体上的偏差。[68]

1. 加藤理论

加藤一郎的利益衡量论,例如,可以说在1958年出版的主要著作《不法行为》中得到了很好的体现。体现其方法论的,可以说是在其后发表的《法律解释学上的逻辑和利益衡量》。加藤理论的特色,在于以下三点:

第一,关于其构思的方式。加藤理论受到美国现实主义法学的强烈影响。换言之,加藤理论没有采用演绎的推论,实际上,他强调进行首先结论、然后理由这样的逆向推论。此外,他所推崇的是首先暂且不考虑规则,而应该根据问题来探讨结论的思维方式。第二,其结果是,加藤理论是为了解决具体问题而展开的。即使在《逻辑与利益衡量》这篇论文中,他也展示了这样的过程,即先设定某具体的事例,然后找到如何解决该问题的办法。第三,加藤理论指出了价值判断的相对性,同时指出,并不存在惟一正确的解释论。

具有如上特色的加藤理论,可以说在对象层面上是①b 事例——

---

[68] 星野英一:《所谓的"存款担保贷款"的法律问题——法与律解释方法论相联系》,收入星野:《民法论集》(第七卷)(1989—1987)。

问题指向型。在领域层面上虽然有点难以界定,但是主要在不法行为法中进行的论述,可以说是涉及②b欠缺型的。就价值而言,加藤理论采取了③b超越型,就目的而言则采取了④b当为型的立场。换言之,加藤理论是就新产生的个别问题,在斟酌当事人之利益状况的同时,提出相对可欲之解决方案的理论。

2. 星野理论

主张利益衡量论的另一个人是星野英一。星野的利益衡量论,开始是作为方法论在《民法解释论序说》中提出来的,随后在《租房租地法》、《民法概论 I—IV》中进行了具体的论述。星野并没有受到美国现实主义法学的多大影响,他的这种理论的构思来自何处还不是很清楚。但是,或许可以指出其中有法国民法学的影响。20世纪的法国民法学,自普拉尼奥以来,一直致力于说明制度宗旨。在星野留学的1950年代里,路·巴尔(我命名的一群研究者)学派的研究接连出现。这些研究是《对目的的法律技术的评价》、《法的结果的同等性》这样对法律适用过程进行结果指向分析的研究(之后,这样的研究不一定活跃,但在整体上体系指向很明显)。学习上面的法国法学,使星野产生"这个制度是为了什么而制定的呢?为什么这样呢?"这样的构想,倒是非常可能的。

与加藤理论相比较,星野理论在首先提出法律规范的解释方法这一点上具有特色。只要看一看文理解释、论理解释、立法者意图、利益衡量这样的解释顺序,就会明白他的论述是以规范的存在为出发点的。星野自己也认为这一点与加藤理论不一样。第二,星野理论主张客观的价值秩序的存在。认为应该在利益衡量的基础上,按照位阶(hierarchie)来进行判断。在这里假想存在正确的解释,这一点也被认为是与加藤理论大相径庭之处。

这样的特色表明,在对象的层次上,星野理论是①a规范——制度指向型的;在领域层面上,星野理论所擅长的恐怕是②a重复型。在这几点上,确实与加藤理论在立场上是不同的。那么,在价值和目的的层面上又如何呢?首先就价值而言,承认存在客观的价值的星野理论看上去是③a内在型。但是事实未必如此。因为星野理论假定的客观价值不是民法典内在的东西。根据在实体法之外存在的正确的法（自然法）来评价实体法——这才是星野理论。在这个意义上还应该说星野理论属于③b 超越型的一种情况。与此相对，就目的而言就有些微妙了。星野理论也是为了得出某种应然的解释论的方法，在这一点上与加藤理论同样属于④b 规范性。但是，如果着眼于重视理解制度宗旨这一点的话，那么也可以发现在④a 说明型中具有相同的一面。这样一来，星野理论就稍微具有两面性了。将这一点包括在内，概括而言，（星野理论）就是从法律制度出发，根据一定的价值标准来构建秩序的理论。

* * *

将上面的加藤理论、星野理论进行定位的话，也许能够将日本的利益衡量论的特点进行如下总结。第一，日本的利益衡量论，在整体上向超越型转变，很少参照民法本身所具有的价值进行讨论。第二，整体上向当为型转变，很少有试图理解民法各种制度所体现之价值的观点（但是并不能说星野理论中没有说明型的指向）。第三，日本的利益衡量论，正如加藤理论一样，可以就事情——问题来考虑对新问题的处理，但是在规范——制度层面上未必考虑了对抽象的、新问题的处理。平井的法政策学填补了这一空白，但是他的分析标准还不是民法内在的标准（他是根据效率、正义之类的一般标准来分析的）。

以上面的分析为前提，在后半部分，我打算考虑一下应该如何评价这样的利益衡量论的出现。

二、利益衡量论的评价

对利益衡量论进行批评的关键，用一句话来总结的话，就在于它的决疑论。但是对这种批判可以从两个方向提出反论。一个方面是，利益衡量论并非决疑论。另一个方面是，利益衡量论即使是决疑论，那也不错——对此倒是应当予以积极的评价。

决疑论 所谓的决疑论，是指对每个问题给予解答的思考方式。被翻译为"决疑论"的该思考方式，与从一定的教义中推导结论的教义论(dogmatik)相反。

(一) 再继受

1. 制度宗旨

在前面一节也提到过,由于《日本民法典》是继受法等这样的情况,从很早开始,日本民法学就没有仅仅停留在逻辑的整合性层面上,而是在探究法典的妥当性。为此,第一条路是讨论与社会—经济(史)背景之关系的方法,但是这不过是在事实的层面上将法的实效性(effectiveté)作为问题来对待的。于是,第二条路是由利益衡量论所开辟的。利益衡量论具有在价值的层面上追问法律制度正统性(légitimité)的意义。

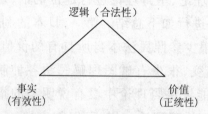

来源于欧洲法的某种规范——制度究竟是以什么样的情况为前提,如何解决在该种情况下出现的关系人之间的利害关系呢?对这一点进行重新探讨,从而确认民法规范——制度乃是与我们的价值意识相一致的东西——这难道不是利益衡量论能够具有的一种功能吗?在这个意义上,所谓的利益衡量论方法,是指将暂且在形式上继受来的法典在价值上进行再继受的方法。有人认为星野的理论包含了这样的视角,至少对这一点是有必要再次进行考虑的。

特别是在教育方面有必要进行这样的考虑。对于将来的法律家也好,或者是对于非法律家也好,理解民法所体现之价值判断的意义是极其重大的。实际上,学生们对利益衡量论是持认可态度的,并且已经接受了它。平井对这个事实采取否定态度,他批评说,利益衡量论不能培养法的判断能力。但是,对法律规范进行批判性探讨的同时,从内部接受法律规范的姿态,对于法律家而言,乃是与逻辑推理能力同样必要的资质,也是构成法的判断能力的一部分。

但是,正如上面那样,作为理解、评价民法的规范——制度之时的价值标准,我们的平均"常识"(加藤)或普遍的"自然法"已经被作为隐含的前提而置于考虑之中了(实际上,两者的差别并不是那么大。"民声乃神声")。但是这并非立刻脱离实体法,而是在承认民法基本价值的基础上,然后通过对此进行展开而理解、批判之——这也是能够想像得到的。这样,民法内在的利益衡量论也成为可能。

如上所述,民法内在的、说明的利益衡量论仍然具有很大的意义。而且,日本的利益衡量论向来在这个方面就比较淡化。

2. 构成原理

进而言之,怎样考虑民法基本价值的问题也是很重要的。就这一部分而言,不根据超越的理论,而是以体系内在的价值为根据进行讨论的动向最近变得活跃起来。最近星野英一、山本敬三的见解就是这样的。[69] 星野根据普遍的人权观念(有点自然法倾向),试图将民法的基本价值正统化。与此相对,山本则是以日本国宪法的人权规定(特别是宪法第13条)为媒介(更实体法地)来对民法的各个规范进行价值上排序的。虽然有这样的不同,但是两者都是在谋求根据基本价值(只是如果存在程度上的差别的话,那么这种差别就是实体法性质的)将民法的各个规范——各种制度予以正统化。

与此并列,也有人指出,有必要对下面这种正统性进行再确认,即不通过基本价值(人权)的内容、而是通过以该价值为基础的民法这样的法律规范来调整社会关系的正统性以及这样的基本选择的正统性。星野和我所提倡的《作为社会构成原理的民法》就包含着这样的宗旨。但是,星野把重点放在了指出人权基础下的国家构成原理(宪法)与社会构成原理(民法)的并列性之上,我自己倒是更重视"民法"立场上的社会构成原理。我经常使用"作为思想的民法"这样的表达方式,其含义不是将个别具体的"民法的思想"作为问题,而是有意识地选择"民法"所具有的"思想"。换言之,我只不过是在主张将

---

[69] 星野英一:"民法是什么",收入星野:《民法论集》(第七卷)(1989—1986),山本敬三:"现代社会中的自由主义与私的自治",《法学论丛》第133卷第4期、第5期(1993)。

私人之间的关系通过以权利义务为核心构成的法律规范来调整。[70]

(二) 继续形成

1. 共 鸣

利益衡量是分析相关当事人之利害得失的做法,在这里站在各个当事人的立场上进行情况判断。特别是在事例指向型的利益衡量中,乃是试图对个别具体的纠纷中当事人的利害关系,甚至该当纠纷中的行动、心理进行分析、理解。这无非是想与各个当事人之间产生共鸣。

通过交替地站在各个当事人的视角上复合地理解纠纷,从中找到合适的解决办法的做法,就是这里讲的利益衡量。这可以说是将所谓的"衡平"具体化的方法。通过利益衡量对各当事人的立场产生共鸣,又得出均衡不同立场的解决办法——这就是"衡平"。

而且,正是"衡平"在对事件进行妥当解决的同时孕育了新的法律规范。在以既存的规范为前提的同时,探索适合事件的妥当解决方式——结果就产生了法律规范微妙的、或者说是明显的变化。这样,法律规范就逐渐产生了。事例指向型的利益衡量将焦点聚集在这个过程中,试图将该过程意识化。

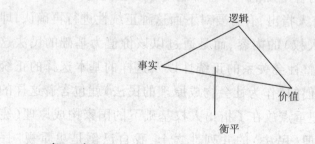

2. 争 夺

法的前沿部分就是这样经常流动变化的。利益衡量论在某种意义上很好地把握住了该部分。因此,作为高度经济成长使社会发生剧变之时期的方法论,(利益衡量)变得有力起来。但是,利益衡量论并不主张法律体系的所有部分都是这样流动的存在。或许可以说,

---

[70] 大村敦志:"思考民法和民法典",大村敦志:《法典、教育、民法学》(1999—1996)。

它的默然前提是,(法律)相当多的部分都是稳定的。

但是,在最近的法律理论中,也有人更彻底地主张法律的流动性、暂时性。该主张认为,法律体系的稳定性、持续性不过是幻想。在这样的法理论的支持者中,也有人将利益衡量论看做正是适合自己的法理论的方法。对他们而言,每个案件的极限选择才是法的本质。因为法是在主张不同利益的人们的相互斗争中实现其日益变化的。[71]

该主张在理论上也许是正确的。但是实际上不能轻视暂定的法律秩序所具有的固定性。选择与现存规范不同的规范的可能性是存在的,但是在多数场合下,还是暂且原封不动地适用了现存的规范。只有对这种惯性有一定的经验性信赖,人们才能过上平稳的法律生活。在这种意义下,即使不能太极端地进行争论,但是不能否定在解决事情的过程中存在法的生成这一面。利益衡量论也确实可以作为这种手段来使用。这种认识应该被作为利益衡量论的另一个遗产来继承吧。在这种情况下,如何将民法之外的价值而非民法的内在价值融入民法的视角是很重要的。但是,关于这一点,必须等待日后相关方法的出现。

* * *

如果进行一下总结的话,那么可以说,在宏观的层面上,利益衡量论是根据内在的价值理解、批判、接受民法的研究方法;在微观的层面上,利益衡量论是通过个别纠纷的解决,在考虑法律外在价值的同时生成法律的技法——难道不是可以这样重新构建利益衡量论吗?

近代法的生命在于其体系性。可以说轻视逻辑上的理论性是自杀行为。但是,不能仅仅在逻辑方面、而且也应该在价值方面寻求体系性。利益衡量论正是这样的方法。另一方面,个别具体的妥当性是从近代以前开始就一直处于法的核心的价值("善和衡平的技

---

[71] 作为法理论,可以从村上淳一:《假想的近代》(1992 年),和田仁孝:《法社会学的解体和再生》(1996 年)等中看到。民法学中被认为赞同此种观点的有山本显治:"关于再交涉义务",《九州大学法政研究》第 63 卷第一期(1996 年)以下,吉田邦彦:"美国批判法律思想的展开与我国民法学的去向",《民商法杂志》第 119 卷第二、第三期(1998 年)等。

术")。在这个意义上,作为"衡平"技法的利益衡量论具有普遍的价值。

参考文献

水本浩:《现代民法学的方法和课题》(1996 年)
平井宜雄:《法律学基础论备忘录》(《法学家》合订本,1991 年)

第五章
民法与现代社会

　　在上一章，我介绍并考察了迄今为止日本民法学上被认为是主要研究方法的东西。在本章中，我试图展望一下，从现在的社会情况来看今后愈发有必要开展之研究的方向。

　　顺便提一下，民法是市场中交易的基本法，同时也是市民生活的基本法。这两个方面在"家庭"是生产单位（或者再生产——生殖）也是消费生活单位的时代（罗马时代、近代初期），是一个问题的两个方面。但是在生产和消费已经存在相当分离的现代，这两方面虽然同样包含在民法之中，但是正逐渐成为相对独立性很强的领域（至少有必要加以不同的考虑）。

　　换言之，一方面，商法、国际交易法等具有很强连续性、应该叫做市场——交易法的民法领域正在形成〔"交易民法"（droit civil des affaires）〕。从瑞士、意大利等国制定了民商统一法典（瑞士债务法典、意大利民法典）这一点就可以明了，这是一个必然的倾向。民法的这个领域是由法人企业来担当的。另一方面，与个人生活紧密相关的消费、家族甚至居住、安全（事故）等相关的民法领域也正在形成〔"生活民法"（droit civil quotidian）〕。家族法具有与财产法相对的独立性，最近很多人都提到了与一般交易法不同的消费者交易法的存在。可以说民法的另一个领域的存在也逐渐变得明朗起来。

　　以上面的认识为前提，我准备将问题分成两个部分进行探讨：第一节是"市场——交易与民法",第二节是"市民——生活与民法"。同时,如果分成两个部分加以考虑的话,那么是否意味着今后民法典所象征的"一个民法"就难以为继了呢?这也是个问题。关于这一点,我准备在对各部分考察完毕之际,最后再简单地提一下。

第一节 市场——交易与民法

即使设定"市场——交易与民法"这个题目,但是要研究这么大的题目,可以想出很多方式。这里我准备列举作为可以进行具体研究的显著现象——"国际化"(一)和"再市场化"(二)两个方面,以此为轴心进行考察。

一、国际化与民法

我们经常使用"国际化"这个词,但仔细想一想,未必清楚(这个词)究竟表达了什么意思。这里准备分成两个部分进行考察:从与日本民法所处之状况相平衡的观点来看、处于时间经过之中(对我们而言是历史意义上的)的国际化,与从同时代(对我们而言也是现在的)的观点来看的国际化。

(一)开发与民法

"时间经过中的国际化",是指今天如何看待近代日本所经历的"近代化"和"西洋化"。如果"近代化"和"西洋化"这样的词已经不合适了,那么换句话说,就是如何看待传统社会中的"开发"和"市场化"与民法之间的关系。将我们日本的经验客观化,不仅对朝着"后近代"(这里仅仅是"近代"之后的意思,与"后现代"思潮没有关系)时代前进的、以"再市场化"为课题的现代日本而言,作为认识自己的一个尝试是有益的,而且即使对在各个方面条件虽然不同、但正在走与近代日本所走过的路相似的路的亚非各国而言,作为应该参照(或者不应该参照的反例)的蓝本,也是有用的。

1. 比较继受论

已经提到过,明治日本以欧洲法为蓝本进行了法典编纂。翻译、引入西洋文化,由此产生了日本自己的近代思想、近代艺术等,同样,日本也打算通过翻译、引入欧洲大陆法的法典来产生自己的民法(文化和法学上的尝试超乎意料地相近。例如中江兆民、黑田清辉都曾为了学习法学而去法国留学)。

迄今为止,我们大多从法典继受的视角来谈论这样形成的《日本民法典》。这样的视角本身是自然的,但是该视角的隐含前提是:这是只有落后于(西方各国)奔向近代化的日本才采取的特殊路线。但是,必须推翻这个前提。

首先,一方面,除了日本以外,走相同路线的非西洋各国也不在少数。在亚洲大陆的东侧,有中国(1930年代制定的中华民国民法,现在仍在台湾地区施行)、韩国、泰国等。在西方有土耳其(全面继受了瑞士民法)。这些国家后来在经济上实现了相当程度的发展。尽管在发展程度上有所不同,但近代民法典却已经通过法律继受渗透到社会中去了。必须将近代日本的经验与这些国家的经验相对比来进行研究。这样,无疑能把"近代化"过程中的普遍现象与根据各国条件不同的特殊现象区分开来。

另一方面,同样不能忘记的是,即使在作为我国民法典之母国的欧洲各国,也存在继受罗马法的现象。众所周知,在制定《德国民法典》之前,德国一直将继受罗马法作为普通法来适用。同时,在法国制定民法典之前,法国南部适用来自于罗马法的习惯法。而且,在德国和法国都存在日耳曼固有的习惯法。如何理解这种情况、如何评价以此为前提进行的法典编纂呢?我们期待着展开不仅能说明亚洲法律继受的经验、也能够说明欧洲法律继受经验的更为普遍的比较继受论。

在这一点上,在了解欧洲经验的基础上、有着固有经验的我们,处于比欧洲人更有利的位置之上。我们必须充分利用这个优势,为世界的法学作出贡献。顺便提一下,在布鲁塞尔的 EU 委员会中,来自小国的学者们掌握着立法的主导权。虽然这背后有着他们处于担当调整大国间利害关系角色位置上的政治因素,但同时也是因为他们在学问上充分了解欧洲各国法律的缘故。在为了纪念法国大革命两百周年而于 1989 年在巴黎举办的国际学会上,樋口阳一所作的题为《四个 89 年(quatre quatre-vingt-neuf)》的演讲也许就是其中一例。除了 1789 年*和 1989 年**之外,他又加上了 1689 年(英格兰光荣革命那一年)和 1889 年(日本制定明治宪法那一年)。在将近代世界中的法国影响相对化的同时,他特别指出,这种影响已经超越了欧洲。对民法作同样的尝试也许是可能的。

2. 开发法学

将日本、中国、韩国、泰国、土耳其等国的经验(作为蓝本)普遍化,从实用的角度来看也是重要的。后来加入世界市场的国家,为了快速实现"现代化",实现"腾飞",究竟有必要进行怎样的基础设施建设呢?在今天,这正是开发经济学或者范围更广的(不仅是第三世界,也包括旧社会主义圈——第二世界)过渡经济学所面临的课题。

但是,需要做的不仅仅是分析金融政策、财政政策等。还有必要注意开设银行、成立公司、铺设铁路、完善通信手段、架桥建港等制度上的基本设施建设的意义。施行民法,换言之,承认法人人格、承认所有权、保护契约、整顿户籍及登记制度等等,是构成制度基础的根本。

关于这样的制度基础建设的研究,促成了比较法的应用或作为新领域的"开发法学"的诞生。而且,关于民法的研究被置于其核心的位置之上。

(二) 世界市场与日本民法

另一个所谓的"从同时代的观点来看的国际化",是指不拘泥于上面那样一国的历史范式,而是指随着无国界的世界市场的出现,各国所共有的、同时代的问题。具体而言,指随着交易的无国界化,是否法律也要无国界化呢?还是应该朝着形成共通法(统一法、世界法)而努力呢?而且,如果这样的话,各国所具有的法文化的固有性

---

* 法国大革命发生的时间。——译者注
** 法国大革命两百周年的时间。——译者注

是不是就消失了呢？等等。

1. 迈向共通法？

如果要规制越过国境的交易,就希望有超越国境的共通的法律规范。

为此,人们开始摸索制定世界通用的交易法。众所周知,根据1930年代的日内瓦条约,汇票、支票法大体上实现了统一。除此之外,1980年的关于动产买卖的UN条约也是重要的。此外,最近关于债权转让、电子交易等,通过条约等形成共通规则的工作也正在进行之中。

另一方面,在由于地理上的因素而有着密切关系的某些地区,可以看到以地区为单位的统一法律的尝试。1920年代,在意大利和法国之间已经有过谋求债法统一的条约草案(法意债务法典草案。虽然该草案没有实现,但是1942年制定的《意大利民法典》受到了该草案的影响)。同时,第二次世界大战后欧洲统一事业也大规模地开始了。

今天,EU通过采用"指令"等各种各样的法律形式,意图间接地整合各加盟国的国内法。但是,正如1985年的产品责任指令那样,直到最近各加盟国才最终使之成为国内法(落后了的法国紧接着进行了立法),可见这种方法未必具有实效。因此,有学者正在尝试实现更为学理上的、欧洲私法的统一。欧洲契约法委员会(通称为兰多委员会*)制定的《欧洲契约法原则》等就是很好的例子。

这样的世界法律统一的动向(在地域上、方法上都是多样的),并非没有给日本法产生影响。同样不能忽视的是,在关注法律统一动向的同时,最近进行的民事立法(荷兰修改民法、德国债务法修改草案、美国修改UCC及其修正案等等)也为形成全球标准作出了贡献。[72] 不管喜欢与否,日本法也只能跟随这种潮流了。[73]

---

* 兰多委员会是以Ole Lando教授为主席的欧洲契约法原则制定委员会。——译者注

[72] 潮见佳男的《契约责任的体系》(2000年)第一部分,是基于这种考虑进行的研究。
[73] 参照能见善久等:"债权法修改的课题和方向",NBL增刊,第51期,1998年。

2. 所谓的日本法？

那么,日本法不久也会遭到灭亡的命运吗?我国法文化的特色因为缺乏普遍性,会遭到否定的命运吧?如果日本法的特色是日本所固有的话,那么在日本国内(在与国际交易没有关系的情况下)也可以被当作值得扶植保护的对象(像特殊天然纪念物朱鹮那样)。但是,也仅仅只能那样而已。

但是,与某个国家不一样的情况,特别是与美国不一样的情况,并不立刻意味着就是特殊情况。与美国相比,我们会发现日本法有不少与欧洲法共通的东西。既然(日本)民法典来源于欧洲,那么这也是必然现象。而且,从社会哲学方面来看,较之与美国而言,在很多方面日本与欧洲更为接近(参照阿尔贝尔在《资本主义对资本主义》中的分类)。还有必要研究一下一向被认为是日本特色的东西,实际上可能来自于东亚特色。或者从更广阔的范围来讲,具有后发的资本主义法的共同特色。

特别是对于作为事实标准来加以主张的诸多美国法的"普遍性",有谨慎对待的必要。有必要充分研究的是,在我国是否存在对抗的"普遍性"主张。为此,也可以说更深入地对欧洲法、亚洲法进行研究是当务之急。当然,发现美国法中实际上存在与我国共通的法文化也是重要的(内田)。[74]

无论如何,应该说与其他各国相比,仅仅用"日本人讨厌法"或者"日本民法受到法国法和德国法的影响"来描述日本法特色的时代已经过去了。必须在更深的层次上探讨日本法的普遍性和特殊性。

二、再市场化与民法

与"国际化"相比,"再市场化"这样的词语不太常见。在这里使用这个词语,是为了重视比原来更加推进"市场化"的力量所起到的作用。

那么"再市场化"的倾向是在什么地方表现出来的呢?从与民法

---

[74] 内田贵:"共同研究·持续交易的日美比较(1)——关于持续交易的实证研究的目的和意义",NBL第627期(1997年)。

的关系上来看,其一,可以说涉及"信息"的问题是与此紧密相关的。原来民法市场化的是"物"(不动产、动产),取而代之的"信息"所具有的意义正在增加。其二,与"竞争"相关的一类问题也是重要的。主张废止制约"竞争"且阻止市场化进程之各项制度的观点(所谓的"规制缓和论")是80年代以后的潮流,果真能那样简单地思考吗?对这一点也必须有所怀疑吧。

(一) 信息与民法

所谓的信息化,在某种意义上是全球化、无国界化的原因。这里不谈论这个问题,而是要简单地考察一下,随着信息重要性的增加,民法受到了怎样的影响。具体而言,一方面,信息的保护是个问题。另一方面,本来是在"物"的基础上进行的交易,现在转变为在"信息"的基础上进行交易——这一点也很重要。

1. 信息的保护

在过去的农业社会、初期产业社会中,作为"财产"而具有重大价值的是不动产或动产。但是今天,"信息"所具有的经济价值急剧上升。而且,过去作为"人"所固有的东西,受保护的是人身及名誉等。但是今天,在"隐私"、"私生活"的名义下,保护个人信息的要求越来越强烈。

其结果是,谋求保护信息的各种法律技术的开发得以推进。但是需要注意的是此处所进行之工作的性质。我国并非在完全空白的状态下、为了保护信息而创造法律技术,而是对为了保护财产而使用的传统法律技术进行扩张或类推。

以知识产权为例。非常简单地讲,为了保护不是有体"物"的无形的"新信息"而采用物权法的技术,这正是知识产权的观点。或者,《防止不正当竞争法》中所采用的基本上是侵权行为法的观点。在某种利益受到损害时,承认损害赔偿或停止损害等。众所周知,侵害隐私等一般也是根据侵权行为法来进行处理的。

2. 信息所导致的替代现象

信息本身不仅具有"财产"的价值,而且具有取代有体物成为交易媒介的作用。这里举两个例子。

第一个例子是通过电脑来缔结契约(电子交易)、通过电脑来转移资金、偿还结算(电子结算、电子货币)等。以前是通过邮递来交换文书进而缔结契约,通过金钱来履行契约。现在,这些事务正在逐步由电脑信息加以处理。

当然,这样做产生了许多未知的问题。民法学上也有必要努力进行处理。而且,现在有人正在作出这种努力(关于电子交易是内田贵,关于电子货币是森田宏树[75]在进行研究)。但是这里也不能忘记的是既存法律技术的意义。看看迄今为止的研究,我们就会明白这个道理,即现在所做的事情是在与原来本人确认之方法的关联中,或者在与本来的金钱的关联中来理解、调整新的法律技术。在进行新技术开发之时,明白既存法理的本质才是重要的。例如,有一个现代法国著名的法律学者在其著作《奴隶之子》中,在与罗马法上的"奴隶之子"相对照的同时,论述了人工受精所生之子的法律地位。作为类似的例子,这些也是饶有趣味的。

第二个例子是与信息提供义务相关的。过去,通过观察物本身来判断、确保物的质量(买主请注意)。但是,在复杂商品增加、(商品)质量的可视性降低的今天,一方面有人提出了要求强制的、任意的质量保证这种方法,另一方面有人构想出要求披露质量信息的办法。这也可以理解为信息所产生的替代现象吧。

(二) 竞争政策与民法原理

所谓应该促进竞争的政策,在与民法的关系上,具有两层(或者三层)含义。一层含义是取代各种规制,有必要靠民法规则来处理。另一层含义是有必要排除民法中存在的反竞争制度(进一步而言,还有根据民法来加强竞争秩序——交易的公共秩序、经济的公共秩序——的第三种倾向,这里省略不谈)。(前两者)都是在规制缓和论中来进行论述的,首先必须思考一下这些问题。

同时,还有必要考察一下依靠市场促进竞争的观点本身有没有问题。如果有问题的话,那么为了克服这个问题,民法应该作出怎样的

---

[75] 参照内田贵:"电子商务交易和法律",NBL 第 600 期—第 603 期(1996 年),森田宏树:"电子货币的法律构成",NBL 第 616 期—第 626 期(1997 年)等。

贡献呢？对这一点也有必要讨论一下。

交易的公共秩序、经济的公共秩序　民法第 90 条中所说的"公序良俗"，在传统意义上具有政治机构、性风俗的意思，并没有将经济问题考虑在内。但是今天，认为交易中当事者的利益保护和市场秩序的维持也构成"公共秩序"的观点逐渐变得有力起来。[76]

1. 迈向规制缓和？

已经提到过，追随规制缓和的潮流，例如，关于产品的安全性，已经有人开始主张有必要取消事前规制，取而代之应当通过《产品责任法》进行事后规制。最近制定的《消费者契约法》、《金融商品销售法》等也可以说具有同样的情况。例如，在此之前，投资商品被当作蕴藏着风险的东西，其存在本身就是受到限制的。现在，虽然仍然没有将此自由化，但是开始强化提供信息和基于（提供信息）的民事责任。在这个意义上，民事规则的重要性确实在逐渐增加（除了星野英一的《民法劝学篇》外，松本恒雄也提到过消费者法）。

但是，民法内部的规制缓和的动向也很显著。如果将上面的潮流叫做"民事责任化"的话，那么这里的潮流也许可以被称为"脱制度化—契约化"。例如，与以前采用具有法人资格的团体形式进行企业活动不同，现在采用工会契约和其他契约形式的情况正在增多。在大规模建设项目中经常看到的共同投资就是这样的例子。或者，不属于法人型、共有型而属于契约型的高尔夫俱乐部的增加是另外一个例子。此外还可以将为了事业而利用信托等情况计算在内。甚至，最开始将公司还原成契约的动向也是存在的。[77]

此外，同样必须注意的是，通过契约创造出担保的做法也很盛行。这种做法并不使用既存的担保物权制度，而是利用更具有实际效力

---

[76] 在广义上论述竞争秩序和民法的关系的文章最近多了起来，例如田村善之："围绕市场、组织和法进行的考察"（《民商法杂志》第 121 期，第 4—5 期，第 6 期，2000 年）等从更广阔的视角进行了考察。

[77] 参照道垣内弘人："团体构成人员的责任——探求'没有权利能力的社团'论的现代性展开"，藤田友敬："契约和组织——契约的企业观和公司法"[两者都收在《法学家》第 1126 期（1998 年）]，《特集——信托制度的将来展望》，《法学家》第 1164 期（1999 年）。

的(与其说效力更强,倒不如说更简便)法律技术来实现"担保"功能。另外,还有一个交易的题外话,那就是婚姻也在一点点地——虽然程度很小——朝着被契约取代的方向发展,这或许也是可以作为规制缓和的一环来把握的现象。

而且,还存在将本来应该存在于契约的层面上、但是却被各种规制半制度化了的东西还原为纯粹契约的动向。其中一个方面是租房租地契约的自由化。特别新设的定期租房权(没有更新的租房权)是最近的热点之一。另一个方面是劳动契约的柔软化,或许也可以作同样的解释吧。具体而言,包括重新看待女子劳动保护、派遣劳动、兼职劳动等法律处理的问题等等。[78]

如上所述,能够将既存制度的契约化进行到何种程度呢？这个问题的答案也要取决于如何理解作为对象的制度的宗旨。因此,重新考虑制度宗旨也是重要的。

2. 游戏规则？

顺便提一下,在契约化的潮流中,最初为何设计"制度"呢？这也需要进行再思考。为什么民法没有让所有的制度都是白纸一张,全部由当事人来决定,而是设定了强制的、任意的制度呢？关于这一点,根据情况不同可以进行不同的说明。

第一,应该怎样思考过去称之为"保护弱者"的问题呢？今天,对于以其是社会"弱者"为由而对其进行特别保护,不仅会遭到"强者",也会遭到"弱者"本身的强烈反对。但是,为了在市场这个环境下使游戏能够成为游戏,很有必要在当事者之间设立进行游戏的前提——那就是公平的进行游戏。这里所说的公平,也包括能使游戏者的条件相接近的因素。因此,先补充"弱者"的不足,在此基础上再开始游戏——这也是可以充分考虑的方略。[79] 例如,对于更新租房契约的问题,虽然使市场机制根本不能发挥作用的制度也是个问题,但是在交涉中设定对租赁人在某种程度上有利的制度,这也是一个可能的选择。问题是在此基础上进行交涉、选择和设定适当的障碍。

---

[78] 水町勇一郎:《兼职劳动的法律政策》(1997年)。
[79] 参照森田修:"定期租赁权和交涉",《法学家》第1124期(1997年)。

第二,用现在的话来讲,事先设定适当的"缺省值"的意义是个问题。当事人自己来个别地决定契约的内容是很自由,但是要经常从一张白纸开始考虑契约的内容,不仅花费成本,而且伴随着一定风险。除了花费时间外,(当事人)也未必能制定出内容完备的契约来。因此需要从以前积累的经验中挑选出具有标准内容的契约并加以公示。派遣劳动、兼职劳动等被称作"非典型劳动契约",虽然被称作"非典型",但是这种将其概念化,赋予新类型契约以标准内容的工作所发挥的作用是非常之大的。在这里要摸索出适当的"缺省值"。[80]

上面的两个方向,都与将"市场"或者"交易"作为什么样的事物来进行设想有关。重新思考这个问题,也是今后民法学面临的比较大的课题之一。在这个意义上,正如平井宜雄所言[81],开发控制市场机构的法律技术是很重要的。同时也有必要培养设计法律制度的法律家。但是,新的设计不是从天而降的。不能忘记的是,包括特别法在内的民法是记录着先辈思想的丰富源头之所在。

参考文献

五十岚清:《民法和比较法》(1984年)
千叶正士编:《亚洲法的环境——非西欧法的法社会学》(1994年)
安田信之:《ASEAN法》(1996年)序、第一章、第十三章、第十四章
岩波讲座:《现代的法》(4),《政策与法》(1998年),特别是森田修的《民法和个别政策立法》,内田贵的《法的解释和政策》。

第二节 市民—生活和民法

在上一节,我讲了关于"市场——交易和民法"的课题。在本节中,我想讲一下"市民——生活和民法"。我想将"大众化"(一)和"都市化"(二)确定为从这样的观点来进行考察时的关键词。下面以

---

[80] 关于这种工作的意义,参照大村敦志:《典型契约和性质决定》(1997年)。
[81] 平井宜雄:"在迎来民法施行百年之际",《法学家》第1126期。

此为轴心来进行若干考察。

一、大众化和民法

19世纪是"资产阶级"的时代,与此相对,20世纪可以说是大众时代。这个转变并非没有对民法产生影响。关于佃权问题、劳动问题、消费者问题等具体问题,已经在上面论述过。在这里,我想对抽象的、一般的变化,也就是与"民法"的存在本身相关的变化再重新考察一番。

在第一节已经讲过,回顾与"开发与民法"这个话题相关联的近代日本经验,不仅仅对于日本,对亚洲、非洲各国也是有意义的一件事。在第二节提到的问题,实际上对于将来的日本法或者对于亚非各国的法律是有益的。

具体而言,我想从民法定位的变化(1)和民法意义的变化(2)这两个方向来进行考察。

(一) 从私法到公法

首先来谈谈"从私法到公法"这个话题。这与19世纪发生的法的变化有关。

为了说明该变化,首先有必要将近代法和现代法进行一番对比。

私法和公法　一般而言,所谓私法,是指适用于私人(个人)之间关系的法;所谓公法,是指适用于国家和私人之间的法。实际上,在适用领域上,两者之间的界限并没有这么清晰。一方面,在公法关系上,只要没有特别的规定也可以适用私法的观念,取代了过去在公法关系上不能适用私法的观念。另一方面,认为在适用私法时也应该考虑到公法的存在的观念变得有力起来。尽管如此,正如本文所述,理念型上两者的区别,对于理解近现代法的展开还是有一定意义的。

1. 近代法和现代法

正如近代法的典型——法国拿破仑的五部法典——那样,近代法是由民法、商法、刑法、民事诉讼法、刑事诉讼法构成的。在日本,加上宪法后称为"六法",但是这只不过是在日本这样"刚开始有宪法"

的国家的说法。至少在法国,几乎没有把五部法典与宪法相提并论的观点。

考虑一下五部法典的性质,就会明白其中的原因。就对象而言,五部法典分别调整民事、刑事法律关系的一般情况。而且,五部法典还将实体法与程序法相分离。换言之,所谓的近代法,是与普通民事、刑事法律关系的一般情况有关的实体法和程序法。这样的法在近代国家成立之前就已经存在了,法院和对此趋之若鹜的法律家一直在适用它。将这样的法(也可以叫做"司法法")回收并整合到国家法之中,这正是近代法的尝试。

与此相对,现代法的性质与此不同。它基本上是"行政法"。在包括民法规则的情况下,一般而言将其定位为实现政策的手段。它不是为了在实体上和程序上调整法官进行的民事审判、刑事审判,而是为了在发生问题时由与此相关的人们处理该问题而制定的法律规范。如《劳动法》、《社会保障法》、《都市法》、《环境法》、《住宅法》、《消费者法》等等。现在,作为特殊法领域而制定(或正在制定)的各种法律,都具有这样的性质。

2. 从自律到计划

观察一下上面的从近代法到现代法的变化,就可以看出对法的作用的看法的变化。在"从司法法到行政法"或者"从私法到公法"这样的变化过程中,我们可以发现,对法的认识存在从"确认自律的秩序"到"形成计划的秩序的手段"的转变。平井宜雄的"从权利保护规范到资源分配规范"和"从法——正义思考到目的——手段思考"图式,正是表明了这一点。[82]

如果从主体进行着眼的话,也许可以这样说,即法律家所主导的近代法已经逐渐被法制官僚所主导的现代法所取代了。或者,成为近代法调整对象的抽象的个人,在现代法中变成了带有某种属性的、要求有与此对应的特别法进行调整的集合存在,等等。

这样,现在只有民法发挥功能的纯粹的"私法"领域正在减少。

---

[82] 平井宜雄:"现代法律学的课题",载平井宜雄编:《法律学》(1979年),第25页、第37页等。

对于大多数问题,各种行政命令也与民法规范同时得到适用。甚至在私人关系领域,只有等国家政策的介入才可能对权利义务进行实质上的调整。现代就是这样的时代。

虽然关于市场——交易的秩序比较容易理解(上面的这些变化),但是事情不仅限于市场——交易。即使在其他领域,私人间的关系也与国家密切相关。例如,家庭生活、消费生活、都市生活——从中随便挑选出一种,都可以这样说(没有社会保障的家族法、没有事前规制的消费者法、没有宏观规制的都市法等等,都不是很充分的)。

如果是这样,那么我们就可以明白,未必在每个问题上都需要探讨民法上的规则。补充该规则的行政规则的存在以及为了贯彻行政法原理而所采用的民法规则,注意这两者的关系是极为重要的。

(二) 从裁判规范到行为规范

下面转到"从裁判规范到行为规范"这个话题上。这与民法自身性质的变化有关。在对法与非一法的关系作简单说明的基础上,来观察一下其变化。

1. 法和非一法

所谓的"非一法"(non-droit),是法国的法社会学家卡勃尼埃(Carbonnier)所使用的概念,其内容不太明确。[83]

所谓"法"的领域,指实体上根据权利义务规范调整关系的领域与程序上通过诉讼决定权利义务是否存在的二者择一的领域。近代民法所设想的领域是这个意义上的"法"领域。与此相对,所谓的"非一法"领域,在广义上是指这样的实体规范、程序规范不能直接适用的领域。"非一法"领域是指实体上由习俗或道德等支配,程序上则运用非正式的处罚(社会的非难等)的领域。

但是,至少如果这样的话,那么特别的"非一法"等就没有必要。在更狭义的意义上使用"非一法"的概念才有意义。在"非一法"的领域中,在上面的意义上包括纯粹由习俗、道德支配的领域,同时也包括带有法律色彩,但是并非通过纯粹的法律手段来调整的中间领域。

---

[83] 参照北村一郎:"围绕'非法'(non-droit)的假说",载星野古稀:《日本民法学的形成和课题》(上)(1996年)。

可以说,在日常生活中我们所遇到的纠纷中,相当一部分是属于这个领域的。在"法"观念优越的法国,这一部分被认为是"法"退却后留下的部分,毋宁说上面的说明方法更好一些。

同时,在该中间领域——狭义上的"非—法"领域——"法"是如何运作的呢?这里我想将这一点作为问题来考察。

2. 从非连续到融合

从图解关系上说,在近代法中,上述意义上的"非—法"与"法"之间存在的是非连续关系。与此相对,在现代法中,两者的界限变得模糊起来。有人认为"法"与"非—法"之间开始互相渗透。我准备对这一点再作些说明。

过去,我们生活在"法"与"习俗"两个不同的世界里。狭义的"非—法"世界能够存在于这两个世界之间,但是,即使在近代所认识的"非—法"世界中,也无非是所谓的现代形象投影的结果罢了。实际上,在近代法中,吸收到"法"的世界中的是"法",不是"法"的就是"习俗"了。用更程序化的方式来讲,如果某个问题委诸于法律家而在法院进行审判的话,那么它就是法律问题。否则,它就被作为习俗、道德的问题来处理。例如,对于金钱消费借贷,如果凭证书能够证明该借贷存在的话,那么返还借款请求就可以通过诉讼来实现。但是,如果没有证书的话,虽然存在道义上的问题,但是在法律上就等于零。

与此相对,现在我们所居住的世界,形态万千。我们的世界已经不能仅仅区分为"法"与"习俗"两部分了,而是与狭义的"非—法"紧密相关。换言之,存在三个连续的世界。其结果是,一方面,在综合"法"与"非—法"的广义上"法"的领域扩大的同时,另一方面,"法"与"非—法"之间的界限已经变得像"法"与"习俗"那样不清晰。虽然存在对缺陷产品可能追究产品责任的规范,但是只要不诉诸法庭,那么责任的有无就不是很明显。但是,即使确实不能说是(产品)缺陷,但也未必就完全不能追究责任。以这样模糊的法律规范的存在为前提,既有在审判外的交涉,同时也有在纠纷发生以前就采取对策的情况。换言之,法律规范已经不是纯粹的裁判规范,在作为审判外解决纠纷规范的同时,它也是当事人的行为规范。

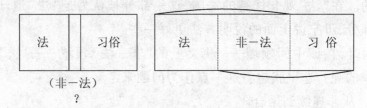

在观察市民——生活中民法的运作方式时,上面的"非—法"侧面极为重要。如果要制定某种法律规范,就必须经常注意,该法律规范不仅对于"法"的领域,而且对于"非—法"领域会有什么样的影响。

二、都市化和民法

如上所述,所谓"大众化"是指民法(或者法律全体)"大众化"。这里所讲的"都市化",是指作为民法适用对象的人们生活本身的"都市化"。

"都市"这个词,一方面具有人聚集的场所的意思,另一方面其中又有根据一定原理形成的团体(组织性)的意思。下面我想在着眼于这两个方面的同时,考察一下都市化给市民——生活带来了怎样的变化。

(一) 旧规范的崩溃

都市的密集性导致传统规范的丧失,带来的是国家作用的增强。下面来简单地描述一下这种情况。

1. 血缘和地缘关系的消灭

过去,社会的单位是"家"。"家长"在代表"家"与其他家的"家长"进行交易的同时,也拥有调整自己家庭内部关系的权限。但是,这样的"家长"的权限正在逐渐缩小。也就是说,夫妻之间的夫权(pouvoir marital)因为男女平等的要求而丧失。在"孩子的利益"的名义下,父母与子女间的父权(pouvoir paternel)也变得更强调其具有的义务性质。这样,家族具有两面性。而且,由于家族已成为根据家族之外的要求而存在的事物,因此其自律性已经减弱了。除此之外,由于(家族)是残存的权力要素,或者由于本来与他人之间的纽带还能够成为约束力量,因此,随着不希望家族式结合的人们的出现——虽然在各发达国家间有程度上的差别——但是家族已经濒临死亡状态。

地缘上的共同体也遇到同样的情况。本来,传统的地缘团体是法律上的权利主体。现在,这样的权利仅仅剩下入会权(并且作为个人的权利进行了再构成)。最初,作为主体的"村"就在削弱其团体性、约束性。在城市町内会的组织率本身就很低下。而且,为了调整近邻居民的相互权利所承认的相邻关系规则,由于对于城市生活未必合适,因此已经不能充分发挥作用了。或者,讲*这样契约层面上的互助组织也正在消失。

这样,通过血缘、地缘产生的社会结合逐渐变得松散起来。最近,作为模拟的血缘、地缘共同体而被誉为牢不可破之纽带的"会社(公司)",随着日本的体系的破坏,这种"社缘"也正逐渐消失。

入会权 在农村,村民被允许进入村子周围的山(入会地)等捡拾柴禾或割草。这就是入会权。现在,根据入会地是否属于村民共有,一般将入会权作为相当于共有权的权利或者相当于地役权的权利来处理(民法第263条,第294条)。

2. 国家的补充

从血缘、地缘中解放出来的个人,开始了自由的城市生活,开始了不受任何人干涉、随心所欲的生活。对于这样的个人,市场为其提供了大量且种类繁多的消费品。

但是,在从血缘、地缘中获得解放得到自由的同时,支撑个人的东西也不见了。个人被要求在这个世界上实现独立。他或者她都被允许选择自己所希望的东西,但是同时也必须接受与之伴随的风险。但是,这也不是容易的事情。

因此,人们期待国家取代过去的家族、村落共同体,发挥支持个人的作用。过去,人们期待家族的生活保障,现在也变得开始期待国家的社会保障。同时,过去委托村落来维持共同生活的秩序,现在则由国家的城市计划来进行。这样,在现代,所谓的家族、共同体之类的

---

* "讲"是一种民间的互助经济组织。——译者注

传统中间团体正在逐渐消失,取而代之的是直接支持个人的福利国家的出现。产生了所谓"从私法向公法"的现象,也是这种情况在法律上的表现。

但是,正如已经多次提到的那样,1980年代之后,对"国家"的评价也不是很好。对国家的过度依赖,在导致负担增加的同时,对国家监督的松懈也会造成效率的丧失。因此,今天,对于各种各样的问题,我们面临着是由国家来处理还是由市场来处理的二者择一的困难选择。因此,在民法学上,重新调整这种平衡的视角并且开辟所需要的方法就成为必要了。

(二)新规范的产生

但是,"个人"与"国家"这种二元的社会构成,难道是都市化社会惟一可能的解决途径吗?无论对于个人还是对于国家,进行与此不同的思考应该是可能的吧?

1. 网络的尝试?

一方面,难道不可以考虑将已经解体(或者正在解体)的各种各样的人与人之间的纽带,用新的形式使之再生吗?即使不想受到血缘的约束或地缘的束缚,但是人们对某种意义上的亲密联合,或者对基于某种意义上之共同关心的联合的欲求并没有消失。

实际上,人们在实践着与传统式的大家庭、近代的核家庭所不同的各种各样的家庭。离婚后的家庭、婚姻外的家庭、再婚组成的家庭、祖父母与孙辈的关系、兄弟姐妹的关系等等,多种多样。通过各种情况下的试错(try-and-error),应该能够摸索出新的家庭的方式吧。

就团体而言,也是如此。存在各种各样的团体,包括地域单位的或者目的各异的各种市民运动团体,或者为了进行非营利经济活动的团体(生活协同组合)等。由于城市具有的巨大性、流动性而使以前的社会纽带变得松散,但是巨大性、流动性也有可能将由于关心同一件事的许多人聚集在一起。在农村,除了与邻居交往没有其他选择。但是,要想在都市里找到与自己有共同兴趣和共同价值观的人则并不是很难。

对这样缓和的纽带是难以进行法律分析的。但是,如果不分析这种纽带的话,那么理解、把握我们的新规范就会变得困难起来。为进行这样的分析而寻找方法,是今后民法学的课题之一。

2. Civil 的复兴?

另一方面,对于"国家"难道没有重新考虑的必要了吗? 或者不拘泥于国民国家,也许对"政府"以及"政治"进行再探讨还是有必要的。

过去的市民社会论(例如黑格尔)将国家与市民社会相对立。那时所提到的所谓"市民社会"不过是市场罢了。与此相对,正如(1)中所看到的那样,今天将市民活动的领域称为"市民社会"的情况比较多(根据哈贝马斯的《公共性的构造转换》而称为"公共圈"的情况也很多)。

但是,"市民社会"这样的词语,难道不能包括更多的东西吗? 市民自身创造了为调整市民相互关系的规范。将这样的关系全部称作"市民社会"也是可能的。重要的是,"私"的领域并不是优先存在的。在各种活动中,如何调整公私的平衡,这是市民社会决定的事项。其中"私人生活"的领域也好,"国家"的领域也好,都是由市民社会所决定的。

在上述意义上,"civil"(civil——与市民相关)是和"私"(privé——禁止他人干涉)不一样的。在这个意义上使"civil"再生,难道不是民法学的重要任务吗(试图通过宪法和民法的互动,但是同时试图以宪法为主导来实现这个目标的是山本敬三。与此相对,从民法本身的存在方式出发的是星野和我。这两者之间的差别是相对的)?

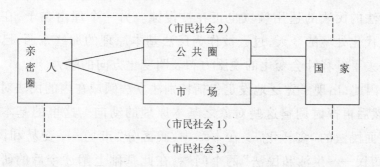

3. "个体和共同性"的再定位?

但是,探索固守"私人生活"的同时寻求缓和纽带的新的"个人"形像,与构想支持这种"个人"形象的"市民社会"及其"政治"是表里一体的关系。正如已经论述的那样,为了保护"私","civil"是必要的。但是,所需要的并不仅仅是这些。承认新的纽带并给予其一定的支持——人们期待着"政治"发挥这样积极的作用。

我们戴着"个人"面具(persona)出现在"市民社会"的舞会上。我们不仅仅希望面前的伙伴及周围的人们"不要偷窥面具的里面",而且我们也希望他们"认真看面具的外面"。这样我们才得以快乐地跳舞、安静地休息。创造出这种空间的,也不是别人。因为我们本身既是"市民社会"这个舞会的参加者,也是其主办者。

某位现代史家将20世纪最后的25年看做是尝试"同时对个人和民主主义再定位"的时代。这个刚刚有了点头绪的尝试,无疑是新世纪民法学的一大课题。

158 结语——是"复合民法"还是"单一民法"?

作为总结,最后我想再讲几句。

有人说民法是"私法的一般法"。这个定义本身是为了指出法律体系中民法位置的形式上的概念。"资本主义社会—经济的法"是更为实质些的定义。

但是,正如绪论中提到过的那样,对于这种从形式上和实质上来定义民法的状况,最近,表示存在危机感的观点不在少数。其中的理由之一在于,在分工过于发达的今天,特别法的增加非常明显,作为一般法的民法的适用领域也正在被侵蚀。另一个理由在于,在脱离了近代化处境的今天,过去被作为民法基本原理的那些东西,已经逐渐失去了解释社会变化的说服力和表明变化方向的魅力。

因此,出现了宽泛地设定包括特别法立法领域在内的民法对象范围,然后再探讨调整这些对象之基本原理的动向。这里的基本视角是直面民法的"多样化"。在本章中,我区分"市场——交易和民法"与"市民——生活和民法"两个问题,在此基础上阐述今后的研究方向,也无非是采用了这样的视角。

那么,今后民法是不是继续划分为交易民法和生活民法,或者划分得更细呢?大概是没有办法阻止这个发展趋势了。在这个意义上,"复数民法"的存在是不可避免的。因为不同的民法会有不同的考虑,所以有必要在每个领域都探讨民法的状态。但是,与此同时,探求这些领域(综合市场——交易与市民——生活的广义上的"市民社会")所共通的"单一民法"的特点仍然是有必要的。其特点在于,在调整对象的层面上,将人们之间的关系还原为个人之间的权利义务来进行把握;在调整主体的层面上,一般而言,大概可以从普通利益的观点来决定与"市民社会"相关的规则这一点来把握吧。

对于这样的尝试,也有人指出其具有困难性。也许确实如此。但是,如果这是不可能的话,就像刚才提到的那样,冠以"civil——市民的/公的"这种形容词的法就难以存续。需要回答的是,我们认为"民法"这种法的存在是必要的呢,还是不必要的呢?

参考文献

神野直彦:《系统改革的政治经济学》(1998年)

大村敦志:《法典、教育、民法学》(1999年),第一编:"思考民法和民法典",第二编结束章:"民法研究中的多样性和共通性"。

补 论
从学习的观点来看民法和民法学*

这里准备改变一下视角,考察从学习的观点出发来观察时,民法是什么,民法学习是怎样一回事(一)。同时,民法学是什么,对于学习民法的人而言民法学具有怎样的意义(二)。

一、民法和民法学习

法学院的学生花费很长的时间来学习"民法"。我们法学教师也教授"民法"。那么,这里所讲到的"民法"是什么呢?为什么学习或教授"民法"呢?答案也许因人而异,但是现在就比较成形的答案类型(理念型)的"民法"观、"民法学习"观来进行考察。

(一)所谓民法

1. 作为规范的民法和作为现象的民法

如果是法学院的学生,在民法课的开始应该听过"何谓民法",那时所作的一般说明大概是"所谓民法就是私法的一般法"。这虽然是正确的定义,但是只是指出了事情的一个方面。"民法是私法的一般法"这一定义,是以对"法"的一定理解为前提,并将其中民法的位置特定化的一种说法。换言之,这里的民法被当作"规范"来处理,民法

---

* 这篇补论是在东京大学法学部 1996 年度民法第三部分(财产法部分的最后)的最后一次讲义的基础上加以补充修订而形成的。

在所谓法的规范的集合中(全部法律系统中)被赋予"私法的一般法"这一地位。

但是,从"规范"这个角度来观察法,未必是惟一绝对的观点。与此同时,也可以从包括规范适用的现实、事实在内的角度来观察"法"。有了某种社会事实,于是对其适用法律规范。这就是将"法"作为包括全体在内的"现象"来进行观察的观点。将其作为"现象"来观察的话,作为"法"之适用对象的现实、事实就开始具有重要意义了。从这里能够得到将"法"的各个部分根据其适用对象的不同而赋予其各自特征的观点。俗话说,民法是"金钱与美女之法",中川善之助将其略为文雅地形容为"经济生活的法"和"保族生活的法"。在这些领域所适用的虽然不仅仅是民法,但是民法肯定与这些领域有关(参见本书第五章)。

2. 社会中的民法和历史中的民法

"私法的基本法"这一定义不太常用,比较常用的是"民法是资本主义社会的法"这个定义。这一定义的要点在于没有在规范体系中来定位民法,而是在与其他社会系统的关系上来看待民法。这种观点是以我们所构成的社会中存在经济领域、政治领域、社会关系领域、法的领域等等这一认识为前提来思考相互它们之间关系的观点,其中特别地以"经济"领域为中心,从而将"法"领域与之联系起来。这种观点在我妻、川岛等形成日本民法学主要潮流的人们身上是可以明显看到的,可以窥见其背后马克思主义的影响(参见本书第四章第二节)。

"日本民法典是在法国法和德国法的影响下制定的,战后美国法的影响也比较大",这一点虽然不是被作为民法定义来讲的,但是也经常被提到。这种观点是在法律史(比较法律史)中来定位"现在的""日本的"民法的观点,支配这种观点的是这样一种立场,即将各种制度的宗旨和功能相对化的同时来理解这些制度。这也是战后民法学中(特别是星野)比较常见的观点。

3. 为法律家的民法和为市民的民法

不仅限于民法,对于法律整体而言,一般被认为是"作为裁判规范的法"和"作为行为规范的法"。就民事诉讼而言,从其目的来看,可以分为纠纷解决说和权利保护说、法律秩序维持说等等。从这些对比中可以看出,"法"具有与解决个别纠纷相关的侧面,又具有与权利——法(同一事物的两个方面)的一般样态相关的侧面。

如果重视前者的话,就会关心每个纠纷解决得是否得当,从而希望找到能够圆满解决的具体灵活的法律解释。相反,就容易对抽象的、普通的法律论敬而远之。最近30年来在民法学上曾一度占支配地位的利益衡量论(特别是加藤、米仓。参见本书第四章第三节),可以说是站在这样的立场上的,但是可以看出这种立场比较贴近实务中的法律家。

最近,平井(宜雄)的论文《作为议论的法律学》在重视法律家的思考模式这一点上,具有与利益衡量论相通的一面。他在该文中强调应该重视"说明理由"。

那么,如果着眼于后者即行为规范、社会秩序方面的话,那么就会特别注意法所体现的基本价值,研究其妥当与否是非常重要的。例如,现在的契约自由的原则果真妥当吗?过失责任主义又如何呢?等等。从社会哲学的层面到常识、实际感觉的层面,提出了各个层面的问题。从大正民主主义法学的末弘法学开始发端、并且在战后民主主义法学的川岛法学中也可以看到的思考方法,亦为利益衡量论所继受(特别是星野。参见本书第四章第三节)。其中明显地表现出对于市民而言民法是什么的问题意识。

(二)学习民法

1. 各种场合下的民法学习

如上所述,"民法"有各种各样的侧面,学习"民法"时是学习民法的哪个方面呢?又应该学习哪个方面呢?根据"是谁""为何"学习民法,答案便有所不同。各种各样的人在各种目的下学习民法,也能够这样学习。下面准备把多样的民法学习的样态,从学习的"场"(这里的"场",直接表示为学习的教育机构,据此能够将学习的主体和目的进行类型划分)出发来进行整理。首先用图来表示(图中的 in/ex,各自表示视角是内在的还是外在的)。

首先是将市民、外行置于考虑之中呢？还是将知识分子、专家置于考虑之中呢？是重视法的理解——法典文化这一侧面呢？还是重视法的使用——法的技术这一侧面呢？以这些为轴能够设想出四种理论类型(图1)。各个类型的目标如下。

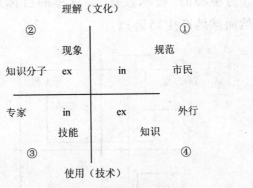

图1　法学教育的理念型

① 对作为行为规范的法的"共鸣"
② 作为社会现象的法的"理解"
③ "参加"作为纠纷解决技术的法
④ 作为知识的法的"实用"

如果让其与1中提到的民法的各个侧面相对应的话，就会变成下面这样。

① 为市民的民法
② 社会、历史中的民法
③ 为法律家的民法
④ 作为规范、现象的民法

如果依照这个图示，就能将在各种各样的"场"中进行的教育的现实类型表示如下(图2)。首先，A型——法学院的实体法中心的课程中，应该是以①作为出发点，以④为中心的"一般教育"。这里的目标是将知识构造化。为此②、③等可以作为辅助手段。即使在法学院的B型——基础法为中心的课程中，可以考虑展开以②为中心的"理论教育"。这里的目标是将法这种现象意识化(使之能够进行批判地研究)。但是在这种情况下如果完全少了①、④的话，那么达成目标就很困难。而且在 C 型——其他学部的法学教育中,进行以①为中心的"素质教育",把法律规范内在化是很重要的。为了达到批判的、自律的内在化,有必要加上②。这一点在初等、中等教育阶段进行法律教育时也是同样的。与此相对,D 型——司法研修所中的法律教育,是以③为中心的"技术教育"。这里的目标是使法律技术自动化(能够自然而然地产生结果)。

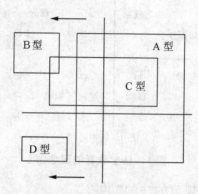

图 2 现代日本的法学教育的现实类型

2. 在法学院(实体法课程)的民法学习

在上面四个现实类型中,B—D 型比较容易理解。C 型、D 型各自以①③为中心,是为了成为好市民、好法律家而学习民法——这已无须重复。以②为中心的 B 型是为了成为所谓的法理论家的民法学习。

但是,A 型即法学院以实体法为中心课程的民法学习,其性质是不明确的。究竟应该如何看待构成法学教育核心的这种教育的性质呢?如果先说一下结论的话,以实体法为中心的法学院教育应该定位为"一般教育"吧。或者也可以叫做"基础教育"。这个结论看起来肯定太普通了。即使把现代日本的法学院教育规定为一般教育——基础教育,也无非是承认其性质仍旧不明确罢了。但是将其性质定位为一般教育——基础教育,是有积极理由的。

我已经提到过,作为专门教育的法学教育,有理论教育指向的 B 型与技术教育指向的 D 型,前面也提到过,这些教育如果没有①和④的话就难以成立。在这个意义上,以①、④为中心的以实体法为中心的法学院教育是"基础教育"。当然,法学院的所有学生并非都接受专门教育。在这个意义上,对作为"基础教育"的含义不得不有所限定。

但是,以实体法为中心的"一般教育"也有其本身的价值。其价值在于发挥了培养"法律市民"和"准法律家"的作用。当然,如果所有的市民都在对本国的法产生共鸣的同时,又能够保持对其进行批评、改良的眼光的话,那是再好不过了。因此有必要充实"素质教育"。但是同时培养具有成为形成舆论核心之法律资质的人,也是一件大事。而且,不管是公司法务还是自治体行政,司法以外之领域的法的素质的必要性正在日益增加。满足这个要求,也可以说是"一般教育"的任务。

二、民法学习和民法学

法学院的学生学习民法,我们教授民法。但是我们同时也在进行民法研究,而且将其成果灵活运用在教学中(或打算这样)。那么民法学与民法学习(民法教育)——特别是法学院实体法学习课程中的民法学习(民法教育)——是怎样的关系呢?换句话讲就是"学说"是什么,或者"解释论是什么"。为了明确这一点,有必要将其分成若干层次进行思考。

(一)讲义中的民法

1. 宏观意义上的民法学

如上所述,法学院实体法课程中的民法学习(民法教育),可以说是以①④为主、②③为辅进行的。其中成为中心的是④"作为知识的法"。在某种意义上这也是理所当然的,也许没有确认的必要。

但是需要注意三点。一点是④的"知识"必须依照①的"自己内在的行为规范"来奠定基础。相反,④不清楚的话也就不能确认①。在这个意义上,可以说"在共鸣的基础上深刻地理解制度宗旨"是民法学习的第一个要点。另一点需要注意的是,如果没有④的"知识",②的研究和③的法律适用都不能进行。换句话讲,如果④的知识很扎实,那么就能够找到以其为基础的研究课题,也能够进行法律适用。最后一点需要注意的是要牢固地掌握④,学习的一方和教授的一方都要作出相应的努力,而且这也是可能做到的。为此,最有益的是"将法律知识进行体系的整理排序,进行理解"。不会为了记忆而白费力气;能够容易地检索到合适的知识;使用时可以不出现大的错误——不管从哪个方面来讲,知识的体系化、结构化都是有益的。这也可以说是民法学习的第二个要点。

第一个要点和第二个要点是密切相关的。体系化、构造化是通过分析、构成基本原理、技术来进行的(参见本书第二章)。因此,民法学的主要任务就是探求原理和构建体系。当然,在实务中积累经验获得知识、培养适用法律的感觉也是一个方法。但是,在大学里事先就教授系统的知识,如果这个时候能够分清其界限的话,那无疑也是有效率的方法。打个比方讲,使用民法与使用外语一样。即使不去外国,通过好的系统的语法书也不是不能进行外语学习。每个法律规范、法律制度都是技巧,发现其中所共通的论理(logos)技术,就是宏观上的民法学。法律系统如果被置之不理的话,就会因为法律、判例的增加而增加其复杂性。调整秩序使其单纯化、透明化,努力缩小平均信息量(entropy)——这正是实体法学的任务。

当然,虽说是宏观层次,但是争论的层次还是多种多样的。制度层面的理论(债权人代位权理论等),领域层面的理论(债权法的基础理论、所有权法的理论、损害赔偿法的理论等),还有民法整体层面的理论(近代民法的基础理论)等等,在原理指向、体系指向这一点上是共通的。

2. 微观意义上的民法学

与此相对,关于这个那个在解释上的问题的"学说"主张是众说纷纭的。

这种学说对法律实务家而言具有一定的意义。对自己直接面对的问题、要解决的问题,在法律没有明文规定而且也没有确定的判例的时候,法律实务家必须自己进行思考。在这种情况下,下级审判的判例和学说的主张,对于面临着同样问题的法律家所作的解答,就具有很大的参考价值了。当然,不是每个学说都具有法律约束力(具有法律约束力的,除了法律之外只有习惯法)。而且事实上的约束力也不是那么大。但是作为暗示(hint),作为想法的来源,确实不能无视其存在。而且,虽然提到了事实上的约束力,即使同样是学说,也有必要区分"达成一致观点的学说"和"个别学说"。对于判例也是如此,不能忘记"确定判例"(判例的准则)和"一个判例"在事实上的约束力是有很大差别的。

　　如上所述,对于法律实务家而言,"学说"有时是有益的。那么对于在法学院学习民法的人而言,学说具有怎样的意义呢?对于每个问题结果会怎样,即使是实务家也只要根据需要进行调查就足够了,根本就不是需要全部记忆的东西。尽管如此,在学习民法时,在一定限度上对解释学说予以注意,只不过是对于法律、判例上存在空白的问题,为了追溯其原理而将之作为思考的素材罢了。因此,对于学说上见解已经达成一致并固定下来的部分暂且不论,对于百家争鸣的部分,记住其结论本身几乎没有意义。

　　本来,判断各种学说的优劣就是困难的。理论上很清晰的学说也并不总是能够得到支持。从与其他规定、判例之间的平衡、结果的妥当性等等出发,现实性的学说也有成为支配性学说的。只是如果理论和问题解决之间产生分歧的话,就迫使需要对理论进行再思考。因此对个别的解释问题经常加以注意,对民法学而言是重要的。而且,正如最开始提到的那样,对每个解释问题加以关心的微观层面学说,确实也具有一定的实用性。但是与检验宏观层面的理论或者再探讨无关的、具有强烈特别(ad hoc)色彩的"意见",至少是缺少学习之意义的。

```
        宏观层面         微观层面
    体系、原理 ←———— 规范 ————→ 解决
         理论  ——————————  解释
                  解释论
    法律上的法源——法律、习惯
    事实上的法源——判例、学说
         ┌ 权威(约束)——确定判例、通说
         └ 理性(参照)——判例、意见
```

法律和习惯法 直接宣告法律约束力的规定是没有的,但是可以说其已成为散布在宪法中的各个规定的前提(例如宪法第41条,第59条,第73条第1款、第6款,第76条第3款等)。同时法例第1条也是以法律约束力为前提的。就习惯而言,根据法例第2条,在一定的场合下,习惯"与法律具有同等效力"。就判例而言,从新民事诉讼法所规定的第318条第1款来看,似乎其法律约束力比以前增强了,如果认为违反判例不过是判断其是否是"关于法令解释的重要事项"的指标的话,那么判例的约束力就不是法定的了。

(二) 讲义的民法学

1. 为了更好的理解

理解制度宗旨,将全部法律规范进行体系的、原理的理解,并不是机械的工作,也不是对现状的追认。更深刻地理解民法的过程,不过是反映出个人个性的创造性理解的过程。而且,据此导致对现状进行批评的情况也不少见(参见本书第三章第二节)。对古典戏曲进行更深刻地理解(近松也好,莎士比亚也罢),既是创造性的工作,同时也能了解其界限。

为了开展这样的工作,不仅要将现在的法律条文(民法典)当作问题,还有必要将它放在历史中进行探讨,在社会中进行探讨(如果从与语言的类比上讲,语言史、语言社会学也是必要的)。换言之,上面所讲的②的理解,其自身当然有价值,对①的"共鸣"和④的"知识"也发挥作用(参见本书第一章、第五章、第四章第一节、第二节)。

民法学在追求上面那样创造的、反省的理解的同时,也将目光投向了现行的法律条文之外。

2. 为了更好的利用

对于专门的法律家而言,必须能够充分地利用民法。但是,为了达到这个目的,在大学课程中进行这样的教育是很困难的。而且,民法学者中的大多数人对此的经验和知识都很有限。

但是,能够通过演习等进行法律适用的初步启蒙。这时所希望做到的是,由于进行启蒙的不是以实际法律适用为任务的人,因此应该弥补这个不足，为其分析法律适用是怎样一回事（参见本书第三章第一节）。有人批判学习外语的人根本不会说外语。确实存在这样的事实。但是，在学习外语的人中存在能够分析外语是怎样一回事的人（这里如果同样运用语言学的比喻的话，就是"用语论"或"会话文法"）。

而且，知道法律适用是怎样一回事，对于不是专家的学习者而言也是很重要的。规则是怎样被运用的呢？根据规则能够处理到何种程度呢？规则之外的何种因素将法律适用结果区分开了呢？即使能够稍稍理解这些问题，那么对法的理解就会更加深刻吧。这与如果告诉我们医生是怎样进行治疗的话，那么我们对医学的理解就肯定会加深一样。这样，普通市民对法的理解，支持着法律家的法律实践。

参考文献

星野英一："民法解释的方法和其背景"，收入星野英一《民法论集》（第八卷）（1996—1988）。

大村敦志：《法典、教育、民法学》（1999年），第二编序"现代日本的法学教育"。

索 引

1970 年代市民运动和民法, 85※
civil, 157, 159
EC 指令, 89
EU, 138
EU 法, 94
EU 指令, 98
NPO 法, 38, 64
PL 法, 89, 90
SMON 诉讼, 88
UNIDROIT, 98
UN 买卖条约, 98, 137
安全考虑义务, 72
奥地利, 98
奥田昌道, 100
澳大利亚, 98
"把法科大学向市民开放", 84
板付基地事件, 74
浜田宏一, 112
保阿索纳德, 18, 20, 82, 95, 102
保护弱者, 85, 145

北川善太郎, 10, 99, 100, 109
比较继受论, 135
比利时法, 116
比利时民法修改草案, 95
波塔利斯, 19
博爱, 60
不当条款, 46
不动产租赁契约, 61
不法行为, 47, 50
布施辰治, 83
财团抵押制度, 29
裁判规范和行为规范, 90, 163
"残酷", 119
产品责任法, 37, 143
常识, 79, 127
潮见佳男, 105
潮见俊隆, 111
成年监护立法, 38
诚实信用、权利滥用, 55, 56, 73, 75
池田真朗, 96, 101

※ 此序号为原文页码。加在译文的两侧。

川岛武宜, 9, 84, 96, 110, 162, 164
创造国民国家, 29
从法国法学到德国法学, 23
从契约到制度、组织, 60
从所有到公共, 62
"从裁判规范到行为规范", 150
"从法——正义到目的——手段的思考", 149
"从权利保护规范到资源分配规范", 149
"从私法到公法", 147, 154
村上淳一, 118
大塚久雄, 84
大阪机场诉讼, 35
大气污染防止法, 33
大学的改观, 10
大正民主主义和民法, 83
代物清偿预约, 36
"单一民法", 134, 159
担保, 144
道垣内弘人, 97, 105
德国的学说, 95, 102
德国法, 9, 24, 95, 114
德国民法草案, 24, 95
德国民法学说, 99
《德国民法典》, 48, 99
嫡出否认之诉, 53
嫡出推定, 52, 53
抵押权和利用权, 114
地租修改条例, 17
第二法典论争, 30
第三法制变革期, 27
第四法典论争, 27

典型契约和非典型契约, 78
电子货币, 141
电子交易, 37, 137, 141
电子签名法, 37
佃耕法案, 31
佃耕契约, 57, 61
佃权问题, 30, 31, 83, 147
定期租房权, 36, 113, 114
定义规定、原则规定的省略, 25
都市化, 64, 152
渡边洋三, 111 对抗要件主义, 97, 103
多元的社会, 33, 35
法的"社会化", 56
法的经济分析, 112
法的理解, 172
法的理解和法的使用, 164
法的三段论法, 68
法的市民, 92, 166
法典编纂, 15, 17, 28, 135
法典调查会, 21
法典论争, 20, 21
法国, 138
法国法, 9, 24, 95, 101
法国法派与英国法派的对立, 22
法国革命, 54, 60
法国民法典, 19, 20, 24, 48, 54, 59, 60
法继受论, 10
法科大学院构想, 12
法律调查委员会, 20
法律家, 6, 67, 70, 74, 78, 92, 163, 171, 172
法律家法与民众法的乖离, 117
法律解释、法律适用, 68

法律行为, 44, 47
法律行为理论, 46, 48
法律政策, 35
法律制度的实效性, 126
法律制度的正统性, 127
法人, 57, 133
法人格, 58, 137, 143
法社会学, 9, 108, 111, 117
法学教育, 11, 119, 127
法意债务法典草案, 138
法制审议会, 32, 91
《法政策学》, 113
"法国民法对日本民法典的影响", 24, 101
"法解释学中的逻辑和利益衡量", 123
"法制审议会民法部会小委员会中的临时决定及保留事项（其一、其二）", 32
防止不正当竞争分法, 141
非常女子差别条约, 91
非一法, 150
非营利部门, 65
非营利团体, 64
分期付款销售法, 34
夫妻异姓, 39, 63, 91
福利国家, 35, 55, 154
附合契约论, 61
复合契约, 46
富国强兵, 18, 29, 63
富井政章, 21, 25, 30, 95
富裕的社会, 32, 33
概念法学, 108
冈松参太郎, 96

高度经济成长, 38, 86, 113, 130
格式条款, 61
个人, 155, 157
个人的尊严和男女平等, 31, 54
个人信息的保护, 140
给付、履行、清偿, 62
工厂法, 31
工会法理、法人法理、共有法理（区分所有法理）, 65, 143
公共圈, 156
公害, 33, 34
公论形成, 166
公司, 143, 154
共鸣, 129, 167
共同不法行为, 34
共同亲权, 32, 52
固有法, 15, 105
广中俊雄, 115
规制的失败, 36
规制缓和, 12, 35—37, 140, 142, 143
国际化, 134
国家, 19, 57, 58, 154—156
国家的民法, 22
过剩损害, 60
过失、因果关系, 34
过失相抵, 34
过失一元主义, 103
韩国, 94, 98, 135, 136
合同法重述, 97
荷兰, 98
衡平, 129, 131
宏观层次的民法学, 167
户籍法, 17

户主权,29,32
花井卓藏,83
环境基本法,35
环境问题,34
环境影响评价法,35
"回归母法",101
婚姻法修改草案,38
婚姻家族,91
活法,107,108
机场公害诉讼,88
机动车损害赔偿保险法,33
箕作麟祥,20
吉田克己,115
吉野作造,83
棘手案件、简单案件,74
加拿大,98
加藤雅信,115
加藤一郎,85,123,163
家长,59,153
家督相继,17,32
家族制度,29,32
"家"制度,32,59
价值的位阶,124
价值判断,67,121,123
建筑物保护法,29,114
江藤新平,18
交通事故,33,34,86
交易的公共秩序、经济的公共秩序,143
交易习惯调查,109
"交易民法"和"生活民法",133
教会,58
教科书、体系书,3
街景、景观,62

戒能通孝,85,112
借腹生子,58
金融(交易)法,28
金融产品销售法,37,143
近代化,28,56,135,136,158
近代化论,118
近代民法典,45,46,60
近代主义,84
"近代的抵押权",114
经济成长,32,85
"经济中心主义",118
竞争,61,140,142
纠纷认知诉讼,88
鸠山秀夫,96
旧民法典,19,20,22,24,25
居雅士,102
决疑论,126
卡勃尼埃,150
卡拉布里其,112
开发法学,137
魁北克,98
扩张解释,70,121
来栖三郎,109
濑川信久,115,116
劳动基准法、工会法、劳动关系调整法,31
劳动契约,57,61,144
劳动问题,30,83,147
劳动争议,32
《劳动法研究》,31,83
离婚,16
立法者意图说、法律意思说,70,116
利息限制法,36,72

利益衡量论,85,119,163
连带,60
连续交易,109
邻人诉讼,72,73
临时法制审议会,30
铃木禄弥,114
罗马法,8,10,45,102,136
罗马法大全,24
马克思主义,117,118,162
马克思主义法学,111
"买主请注意",142
梅谦次郎,21,23
美国法,9,94,139
美浓部达吉,83
美浓部亮吉,85
米仓明,97,163
民法的构成要素,42
民法的基本技术,41,45
民法的思考模式,41
民法第416条,97
民法第709条,47
民法第90条,48,143
民法第一条,3
民法第一条第二款,54
民法和民法学,4
民法内在的利益衡量论,127
民法商法施行延期法律案,20
民法学的危机,7
民法学习,161
民法中"不存在总论",1
民事责任化,143
"民法继承编改正纲要",30
"民法解释论序说",124

"民法亲属编改正纲要",30
模式的导入,模式的构成,99
模式的构建,115
末川博,96
末弘严太郎,30,83,96,108,163
母法研究,101
目的,48
目的论的解释,116
内田贵,97,105,109,113,114,116,141
内缘,51
农村习惯调查,108
《农村法律问题》,31,83
欧洲法,10,15,94,135,139
潘德克吞体系,23,24
判例法,26,33,110
判例法理,33,73
判例理论,34
"判例"和"学说",25
"判例时代",35,36
平井宜雄,87,97,104,107,112,118,119,125,127,146,149,163
破绽主义,32
普拉尼奥,124
普鲁士,114
欺凌、性骚扰,72
企业制度论,61
起诉期限规则,17
契约,44,45,47,137
契约自由的原则,60
契约自由与公序良俗,56
《契约的再生》,110
器官买卖,58

前田达明,100
青木昌彦,104
权利,42
权利的体系,43,54
权利能力,58
缺省值,145
缺陷,77,90
人格、人身,46
人工生殖,142
人和物,43
认知,52,53
认知之诉,71
日本国宪法,54,128
日美贸易摩擦,36,89
日照权,88
《日本社会的家族构成》,84
"日本人厌恶法",139
入会权,153,154
瑞士,98,133
三轮芳朗,112
三下半,16
森田宏树,105,141
森田修,105,113
山本敬三,54,105,128,157
上门销售法,34
上位模式和下位模式,104
少子化、高龄化,38
社会哲学,54,139
社会秩序,36,82,163
"社会学主义",107,117,118
审判外纠纷处理,90,152
生活协同组合,155
石坂音四郎,96

世界市场,28,136,137
市场完善,36
市民,6,10,65,81,86,92,164,172
市民社会,13,112,156,157,159
市民运动,34
事实评价,79
事务管理、不当得利,47
事业资金和营业用地的确保,29
水害诉讼,88
水质污染防止法,33
司法法和行政法,148
司法研修所,75,165
私立法律学校,11,82,83
私生活,140,157
私生子,39
斯堪的纳维亚各国,98
四大公害诉讼,33,36,85
松本恒雄,143
穗积八束,20,22
穗积陈重,21,97
穗积重远,30,84
损害额计算,34
《损害赔偿法的理论》,97,104
缩小解释,70,121
所有权,42,42,137
《所有权法的理论》,110
胎儿、受精卵、器官,46
泰国,98,135,136
特别养子法,38
特定非营利活动促进法,38
条约修改,17,21
町内会,64,153
樋口阳一,136

同居义务、贞操义务,63,64
统一商法典(UCC)和合同法重述,97
土耳其,135,136
托克威尔,104
脱—规范化、私事化,12
脱制度化—契约化,143
丸山真男,84
违约金条款,56
文本的无矛盾性,70
文本外的要素,69
文理解释、论理解释、体系的解释,69,124
我妻荣,96,110,114,162
无过失责任,33
武士法、庶民法的统一,20
物权变动论,96
物权和债权,45
习惯,22,25,170
习俗、道德,150
瑕疵担保责任,49
下级审判例,26,34,76,169
现实主义法学,123,124
现实主义法学、经济分析、批判法学(CLS),97,98
相对济令、弃损令,16
相邻关系,153
相邻关系法,62,63
象征效果,90
消费者契约法,35,143
消费者问题,34,147
"心理主义"、"直结主义",119
新古典派经济学,112
新忍受限度论,85

信赖关系破除法理,33,73
信托,46,143
信息,140
信息提供义务,46,142
星野英一,10,54,85,96,105,109,116,117,123,128,157,163,164
行为能力,58
学说继受,99
血缘、地缘,64,153,154
血缘主义,52
亚非各国,10,135,147
药事法,88
要件事实论,75
一般教育——基础教育,166
一般条款,77
医药品副作用被害救济基金法,88
意大利,98,133,138
意大利法,24,95
意思表示,44,46
意思主义,48,49
隐私,140
英国,114
英国法,24
英美法,97
永佃,16
永久禁止田地买卖,16
由上至下的法律适用过程、由下至上的法律适用过程,78
原因,48,60
再继受,127
再交涉义务,46
再市场化,140
责任限制条款,56

债权转让,28,37,137
《债权在近代法上的优越地位》,110
战后改革,27,31
战后民主主义和民法,84
政策形成诉讼,87,88
政府,156
政治,157
知识产权,46,141
知识的体系化,构造化,168
制度,144
制度宗旨,124,·24,144,167,170
中川善之助,108
中国,98,135,136
中间团体,38,64,154
中世纪罗马法学,9
住宅问题,33
著作权,46
转让担保,28
准法律家,166
准婚理论,51,52

准据国,23,98
"资本主义发达所带来的私法变迁",7,110
自耕农创设特别措施法,31
自己决定,55,56,58
自己责任,35,57
自然法,125,127,128
自由和平等,55
自由结合,51
自由民权运动和民法,82
自主结社,64
租地法、租房法,31,33,114
租房问题,83
作为科学的法律学,9
作为社会构成原理的民法,12,128
作为实践哲学的法学,9
作为意识形态的家族制度,29
"作为议论的法律学",163
"作为游戏的法",79